国家社会科学基金项目（18BMZ132）与南宁师范大学博士点建设项目联合资助

"一带一路"背景下西南陆路边境口岸产业转型升级路径选择与实现机制研究

丘兆逸 等 著

中国财经出版传媒集团

经济科学出版社

·北 京·

图书在版编目（CIP）数据

"一带一路"背景下西南陆路边境口岸产业转型升级路径选择与实现机制研究/丘兆逸等著. --北京：经济科学出版社，2024.7

ISBN 978-7-5218-5771-9

Ⅰ.①一… Ⅱ.①丘… Ⅲ.①边疆地区-通商口岸-产业结构升级-研究-西南地区 Ⅳ.①F752.8

中国国家版本馆 CIP 数据核字（2024）第 075762 号

责任编辑：周国强　张　燕
责任校对：王肖楠
责任印制：张佳裕

"一带一路"背景下西南陆路边境口岸
产业转型升级路径选择与实现机制研究

丘兆逸　等著

经济科学出版社出版、发行　新华书店经销
社址：北京市海淀区阜成路甲 28 号　邮编：100142
总编部电话：010-88191217　发行部电话：010-88191522
网址：www.esp.com.cn
电子邮箱：esp@esp.com.cn
天猫网店：经济科学出版社旗舰店
网址：http://jjkxcbs.tmall.com
北京季蜂印刷有限公司印装
710×1000　16 开　13.5 印张　200000 字
2024 年 7 月第 1 版　2024 年 7 月第 1 次印刷
ISBN 978-7-5218-5771-9　定价：76.00 元
(图书出现印装问题，本社负责调换。电话：010-88191545)
(版权所有　侵权必究　打击盗版　举报热线：010-88191661
QQ：2242791300　营销中心电话：010-88191537
电子邮箱：dbts@esp.com.cn)

前　言

西南陆路边境口岸是我国面向东南亚、南亚开放的前沿，也是我国主要少数民族聚居地区，"一带一路"倡议为其产业转型升级带来新机遇。本书以推动边境高质量发展为导向，聚焦口岸的"过货化"问题，研究"一带一路"背景下西南陆路边境口岸产业转型升级的路径及其实现机制。

本书主要按照"提出问题—分析问题—解决问题"的总体思路来研究"一带一路"背景下西南陆路边境口岸产业转型升级问题。首先，在参考国际贸易理论、区位理论、产业升级理论的基础上，重点借鉴索恩（Sohn，2014）与新经济地理理论的研究，构建包含邻国、内地、陆路边境口岸产业转型升级的理论分析框架。其次，在分析西南陆路边境口岸及其产业发展的基础上，采用双重差分方法和跨案例分析方法，检验"一带一路"倡议对西南陆路边境口岸产业转型升级的促进作用。再次，基于"一带一路"背景下西南陆路边境口岸的空间区位效应、要素差异化效应、信息汇集效应，提出承接转移、逆向延伸、创新插入三条产业转型升级路径。然后，主要从跨境、省际、口岸（地方）三个层面探索把"一带一路"倡议所强化的西南陆路边境口岸效应转化为产业转型升级的机制。最后，在总结全书的基础上，提出相应的对策建议及展望。

本书研究结果表明，一是双重差分检验和跨案例分析均证实"一带一路"倡议实施有利于西南陆路边境口岸产业转型升级。二是西南陆路边境口岸产业转型升级有利于促进边境贸易就地加工，推动特色产业发展，扩大就业，增加收入，深化各民族交往交流交融，是铸牢中华民族共同体意识的重要实践路径。三是根据区域产业网络特性，粤港澳大湾区应是西南陆路边境口岸承接产业转移的重点区域。

目 录

| 第一章 | **导论** / 1
　　第一节　研究对象、背景及意义 / 1
　　第二节　相关文献综述 / 7
　　第三节　研究思路、方法及创新点 / 14

| 第二章 | **陆路边境口岸产业转型升级的理论研究** / 19
　　第一节　相关理论基础 / 19
　　第二节　陆路边境口岸优势的理论框架 / 24
　　第三节　陆路边境口岸产业转型升级机理 / 29
　　第四节　本章小结 / 33

| 第三章 | **西南陆路边境口岸产业转型升级的现状与问题分析** / 34
　　第一节　西南陆路边境口岸现状 / 34
　　第二节　西南陆路边境口岸产业转型升级现状 / 38
　　第三节　西南陆路边境口岸产业转型升级存在的问题 / 43

第四节　本章小结 / 50

第四章　"一带一路"背景下西南陆路边境口岸产业转型升级的实证分析 / 51

第一节　西南陆路边境口岸产业转型升级的效应分解（一）：不考虑东部因素 / 52

第二节　西南陆路边境口岸产业转型升级的效应分解（二）：考虑东部因素 / 56

第三节　"一带一路"倡议对西南陆路边境口岸产业转型升级的影响分析（一）：计量检验 / 69

第四节　"一带一路"倡议对西南陆路边境口岸产业转型升级的影响分析（二）：跨案例分析 / 73

第五节　RCEP对西南陆路边境口岸产业转型升级的影响 / 91

第六节　本章小结 / 97

第五章　"一带一路"背景下西南陆路边境口岸产业转型升级的路径选择 / 98

第一节　西南陆路边境口岸承接产业转移研究（一）：承接空间选择 / 99

第二节　西南陆路边境口岸承接产业转移研究（二）：承接产业选择 / 126

第三节　西南陆路边境口岸产业逆向延伸研究 / 131

第四节　西南陆路边境口岸创新插入研究——以数字经济为例 / 141

第五节　本章小结 / 149

| 第六章 | "一带一路"背景下西南陆路边境口岸产业转型升级的实现机制 / 151

　　第一节　完善跨境合作机制，充分释放陆路边境口岸效应 / 152

　　第二节　完善省际合作机制，降低产业转型升级成本 / 165

　　第三节　完善口岸（地方）之间合作机制，促进产业转型升级落地生根 / 170

　　第四节　本章小结 / 179

| 第七章 | **研究总结及展望 / 180**

　　第一节　主要研究结论 / 180

　　第二节　对策建议 / 183

　　第三节　研究展望 / 191

参考文献 / 193

后记 / 209

|第一章|
导 论

本章主要介绍本书的研究对象、背景与意义，并对相关文献进行梳理，为本书研究奠定基础，最后说明其研究思路、方法及创新之处。

第一节 研究对象、背景及意义

一、研究对象

基于产业发展空间的角度，本书所指的口岸主要为广义上的口岸，即口岸城镇或口岸城市，① 具体以西南陆路边境口岸产业为研究对象，构建

---

① 胡兆量. 边境优势论与沿边口岸建设 [J]. 城市问题, 1993 (3): 30-34.

其从流通业向制造业转型升级的理论框架,创新转型升级路径,完善转型升级的实现机制。

二、研究背景

(一)西南陆路边境口岸是我国连接东南亚与南亚的重要前沿

我国西南陆路边境涉及广西、云南、西藏三省区,边境线长达 8900 多公里,① 分别与越南、老挝、缅甸、印度、不丹、尼泊尔等国接壤,其中包括 20 个一级口岸和 17 个二级口岸,是中国—中南半岛经济走廊、孟中印缅经济走廊的重要节点。2021 年东盟 GDP 约为 3.3 万亿美元,② 占全球 GDP 的 4%,是全球经济比较活跃的区域之一。2020 年以来,我国与东盟互为最大贸易伙伴。其中,2021 年双边的进出口贸易总额达 5.67 万亿元人民币,占我国对外贸易总额的 14.60%(见图 1-1)。根据商务部的统计,2021 年我

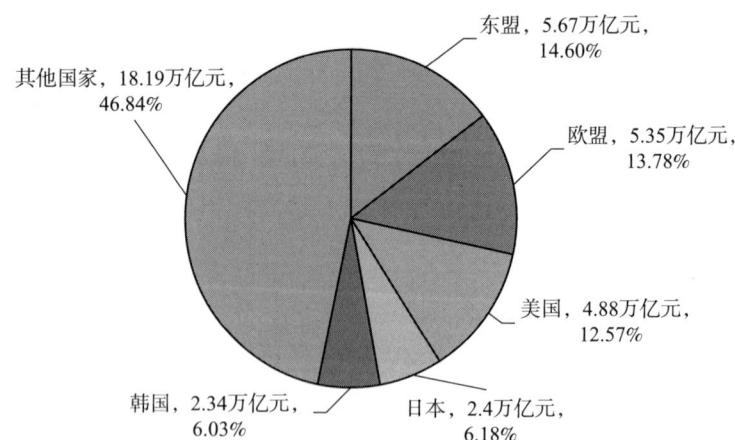

图 1-1 2021 年中国与主要贸易伙伴的进出口贸易总额及占比

资料来源:海关总署。

---

① 黄子源. 西南边境民族地区安全风险生成机理研究 [J]. 广西民族研究, 2022 (3): 39-46.
② The ASEAN Secretariat. ASEAN Key Figures 2022 [R]. 2022.

国与印度的贸易总额为1256.6亿美元,我国是印度重要的贸易伙伴。可见,西南陆路边境口岸发展潜力巨大。

(二)西南陆路边境口岸产业转型升级是推动边境高质量发展的重要举措

作为主要少数民族聚居区的西南陆路边境地区,受制于诸多因素影响,发展不平衡不充分问题突出,是我国实现共同富裕的特殊短板和薄弱环节。2021年,广西、云南、西藏边境县市的人均GDP仅分别为全国平均水平的56.31%、59.02%、60.44%(见图1-2)。其中原因之一是,口岸存在显著的"过货化"现象(宋周莺、车姝韵、王姣娥等,2015;涂裕春、刘彤,2016;游珍,2017),即经口岸参与进出口的商品的加工制造程度很低,对其经济发展的贡献不足。这其中的深层次问题是西南陆路边境口岸以流通业为主的单一产业结构与当地经济关联度不高,带动效应不强。因此,西南陆路边境口岸产业转型升级是推动边境高质量发展的重要举措。

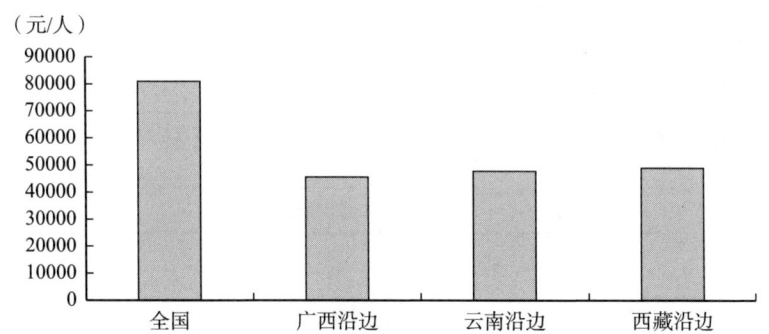

图1-2 2021年西南陆路边境口岸人均GDP与全国人均GDP比较

资料来源:《中国统计年鉴》《广西统计年鉴》《云南统计年鉴》《西藏统计年鉴》。

(三)"一带一路"倡议为西南陆路边境口岸产业转型升级带来新机遇

"一带一路"倡议秉承共商、共建、共享原则,以政策沟通、设施联通、贸易畅通、资金融通、民心相通为主要内容,以打造利益共同体、责任共同体和人类命运共同体为最终目标,① 截至 2023 年已经有 150 个国家、30 个国际组织共同参与,② 经贸合作保持高增长势头,正在向高质量发展迈进(其主要发展脉络见表 1-1)。作为连接东南亚与南亚的重要门户及中国—中南半岛、孟中印缅两大经济走廊重要节点的西南陆路边境口岸,"一带一路"倡议为其发展带来新机遇。一是"一带一路"倡议实施加强了我国与邻国的贸易,扩大了西南陆路边境口岸的市场。二是"一带一路"倡议推动沿边开放平台建设。西南陆路边境地区开放程度最高的平台——中国(广西)自由贸易试验区崇左片区、中国(云南)自由贸易试验区红河片区和德宏片区于 2019 年设立,更好地助推沿边开放发展。

表 1-1 "一带一路"倡议发展的主要脉络

年份	内容
2013	习近平总书记提出"一带一路"倡议
2015	《推动共建丝绸之路经济带和 21 世纪海上丝绸之路的愿景与行动》发布
2017	开始每两年举办一次"一带一路"国际合作高峰论坛
2019	习近平总书记在第二届"一带一路"国际合作高峰论坛提出"一带一路"高质量发展
2021	习近平总书记在第三届"一带一路"国际合作高峰论坛提出以高标准、可持续、惠民生为目标,推动共建"一带一路"高质量发展
2022	党的二十大报告强调推动共建"一带一路"高质量发展

资料来源:笔者根据相关文件整理。

当今世界百年未有之大变局加速演进,全球产业正在重构,逆全球化有所抬头,西南陆路边境口岸产业转型升级将面临新的战略机遇和风险挑战。党的二十大报告明确提出"加快构建以国内大循环为主体、国内国际双循环

---

① 国家发展改革委、外交部、商务部. 推动共建丝绸之路经济带和 21 世纪海上丝绸之路的愿景与行动 [R]. 2015.
② 国务院新闻办. 共建"一带一路":构建人类命运共同体的重大实践 [R]. 2023.

相互促进的新发展格局""构建优势互补、高质量发展的区域经济布局和国土空间体系""推动共建'一带一路'高质量发展"。为此,本书在"一带一路"背景下,以破解西南陆路边境口岸"过货化"现象为切入点,研究口岸由流通业向制造业转型升级的路径和实现机制,有利于深度融入新发展格局,推动高质量发展,解决发展不平衡不充分问题,铸牢中华民族共同体意识,扎实推进共同富裕。

三、研究意义

(一) 学术价值

本书的主要学术价值是厘清对外开放与陆路边境口岸产业的关系。现有文献有关对外开放对边境产业的影响存在不同,甚至对立的观点,表明两者的关系尚未明晰。为此本书在借鉴国际贸易理论、区位理论、产业升级理论的基础上,构建包含对外开放与陆路边境口岸产业的分析框架,完善两者关系的理论图谱,有助于发现两者之间的转换条件,为突破陆路边境口岸产业结构单一化困境提供新的思维,推动陆路边境口岸服务融入新发展格局,促进边境民族地区高质量发展。

(二) 应用价值

一是西南陆路边境口岸产业转型升级有利于助推构建中国—东盟命运共同体。2013 年 10 月,习近平主席在印度尼西亚国会发表重要演讲,提出"携手建设更为紧密的中国—东盟命运共同体"的倡议。[①] 据统计,2021 年中国与东盟的人均 GDP 分别为 12615.5 美元、5024.2 美元,同为发展中国家或地区,双

---

① 赵益普.携手建设更为紧密的中国—东盟命运共同体 [N].人民日报,2021-07-22.

方经济总量之和占全球的22%（见图1-3），对全球经济贡献率超过30%。中国—中南半岛经济走廊与孟中印缅经济走廊沿线大部分区域工业化程度较低，西南陆路边境口岸产业转型升级有利于推动构建中国—东盟跨境产业链，为越南、老挝、缅甸等国的工业化提供强大的支撑，助推中国—东盟命运共同体建设，为全球经济平稳发展提供信心和动能。二是西南陆路边境口岸产业转型升级有利于推动国内区域协调发展。由于历史、环境等原因，西南沿边地区经济发展相对滞后，西南陆路边境口岸产业转型升级可通过前后关联效应，带动相关产业发展，增强口岸经济多样性，促进区域协调发展。三是西南陆路边境口岸产业转型升级有利于铸牢中华民族共同体意识。西南陆路边境地区是我国主要少数民族聚居区之一，部分民族跨境而居，边境情况相对复杂。广西边境地区居住着壮、汉、瑶等民族，其中崇左、百色是壮族主要聚居区之一。云南是我国少数民族最多的省份之一，其中主要分布在西双版纳的基诺族是我国最后认定的一个少数民族。西南陆路边境口岸产业转型升级有利于西南边境少数民族地区服务和融入新发展格局，促进各民族广泛交往交流交融，铸牢中华民族共同体意识；有利于带动边民就地就业、增加边民收入，推动沿边开放的政策红利就地转化，促进西南陆路边境各民族共同走向社会主义现代化。

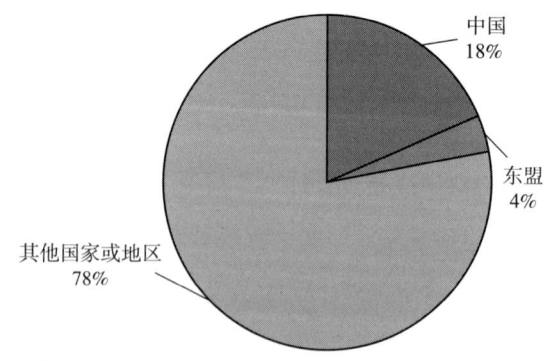

图1-3　2021年中国与东盟GDP占全球的比重

资料来源：世界银行数据库。

第二节 相关文献综述

产业结构问题研究主要从需求侧的恩格尔效应（Sergio, Piyabha, Xie, 2001）与供给侧的鲍莫尔效应（Maurice, Baumol, Goldfeld, 1967）两大主线来展开，而针对陆路边境口岸这一特殊区域的研究相对不足。现有陆路边境口岸产业转型升级问题研究源于传统区位理论、国际贸易理论、新经济地理理论。在封闭经济时期，传统区位理论认为边境的屏蔽效应显著，导致生产布局倾向于规避边境地区（Hoover, 1963），因此边境地区被认为是不发达区域（Giersch, 1949；Guo, 1996）；20世纪70年代以来，经济全球化与区域一体化逐渐兴起，纳入空间因素的国际贸易理论认为边境的中介效应显著，有利于吸引外向型企业进入（Rauch, 1989）；综合区域科学与新贸易理论的新经济地理理论是研究边境经济发展的主要理论，但对于对外开放能否促进边境制造业集聚则存在不同观点（后文将展开详细梳理）。进入21世纪，特别是全球金融危机以来，全球经济面临增长动能不足、发展失衡等问题，我国提出了不同于传统区域合作的"一带一路"倡议（杨圣敏，2016；隆国强，2017；刘卫东和杨秋蕙，2020），为陆路边境口岸产业发展带来新机遇。由于专门研究陆路边境口岸产业转型升级的文献相对较少，因此本书从对外开放与边境产业、边境口岸产业转型升级、"一带一路"倡议与边境口岸产业三个方面来梳理国内外相关文献。

一、对外开放对边境产业影响的相关研究

关于对外开放对边境产业的影响，国内外学者尚未对此形成相对统一的认识，其中原因在于不同模型所考虑的影响因素存在差异。

（一）认为对外开放导致边境制造业集聚的相关研究

根据新经济地理理论，贸易自由化与经济一体化导致边境地区向国际市场输出产品的运输成本最小，成为出口导向型企业的最优区位选择（Steuer, Krugman, 1996；Bosker, 2010）；引入空间异质性的中心—边缘模型也表明，贸易自由化导致边境制造业集聚（Crozet, Mayer, Mucchielli, 2004）。根据两阶段的生产网络理论，第一阶段的生产环节集聚在产业中心能获得外部经济，而带来的工资与地租上涨导致第二阶段装配环节外迁到边境地区，如北美自贸区生效导致墨西哥的制造业从墨西哥城向墨美边境转移（Hanson, 1996）。根据产品生命周期理论，由于墨西哥北部边境的工资是美国的1/6，双边开放使得美国劳动密集型产业转移到墨西哥北部的出口加工区（Suarez – Villa, 1982）。可见，对外开放导致边境与邻国的贸易扩大，促进产业集聚，提高产业竞争力（Chen, Guo, Ge, 2019）。对于亚洲边境产业的实证研究表明，缅甸边境产业比中心区域产业更具有竞争力，因而有的学者主张把该国的边境产业区变为其经济中心（Kudo, 2007）；中国西南边疆地区的云南与越南、老挝、缅甸的产业关联度较高，从而形成农业、有色金属冶炼及压延、采掘业、纺织业和食品加工业等关联度较高且贸易互补性强的产业集聚（王赞信、魏巍、吴鹏，2017）；中国凭祥—越南同登跨境经济合作区通过多层次区域合作，有效弱化沿边民族地区的"边境效应"，推动民族特色产业集聚（詹小颖，2015）。

（二）认为对外开放没有导致边境制造业集聚的相关研究

同样是根据新经济地理理论，考虑农业人口对土地依附而形成的离心力，认为贸易自由化导致经济活动集聚在一国内部（Easterby – Smith, Crossan, Nicolini, 2000；Hernandez, 2001）。改革开放以来，由于我国陆路边境口岸"开放"与"开发"相割裂（丁阳、夏友富、吕臣，2015），形成口岸功能主要停留在初级的通道和交易场所等功能上（刘建利，2011），最终导致以流通业为代表的第三产业畸形发展（丛志颖、于天福，2010；张丽君、吴凡，2014）。具体表现为，广西的边境加工工业仍然比较薄弱（吴汉洪、苏睿，2013）；新疆边境口岸处于物流通道与中转集散的地位，形成货物生产地与销售市场两头在外的格局（穆沙江·努热吉，2018）；图们江区域近年来持续加快经济合作步伐以及深化区域经济合作进程，但各种产业园区集聚效应仍不明显（郑洪莲、姜恒勇，2011）。造成这种局面的原因还包括，尽管我国沿边地区开放力度逐渐增大，但是其仍然存在基础设施建设滞后、产业集聚发展有限、高端要素缺乏和创新能力不强等问题（庄芮、宋荟柯、张晓静，2021）；沿边地区吸引外资的优势正在弱化，要素集聚能力不容乐观，甚至有可能陷入进退两难的"引资悖论"，导致承接产业转移和外商投资的竞争力不足（刘让群、竺彩华、陈晓，2021）；并且边境口岸产业难以招聘并留住员工（Kuroiwa，2016）。

二、边境口岸产业转型升级的相关研究

通过梳理相关文献发现，沿边口岸经济的研究成果比沿海港口经济的研究成果少，专门研究边境口岸产业转型升级的文献更为稀缺，其中的观点主要散见于相关文献中。因此，梳理的文献包括边境产业转型升级的相关文献。

（一）边境口岸产业转型升级机制的相关研究

一是以口岸基础设施建设促进产业转型升级的研究。基础设施建设有利于促进沿边产业发展（吴汉洪、苏睿，2013）。广西通过不断完善水利、电力等基础设施和加快重点旅游度假区公路建设与改造，为凭祥市旅游业的转型升级奠定基础（Deng，2020）。黑龙江边境口岸为适应新发展格局，抵消外部风险和不确定性，把基础建设作为旅游产业与县域经济协调发展的主要

驱动因素（赵珂，2021）。二是以口岸优势推动产业转型升级的研究。整合口岸区位优势、政策优势、市场优势、交通优势和后发优势等，打造边境特色产业链，实施资源利用高效化、产业发展集群化、市场国际化，推动口岸产业转型升级（杨磊，2014）。中国与越南双方产业重合度大，边境小额贸易的纵深腹地和本地带动能力有限，因此更需在整合多重优势的基础上，创新产业发展环境，积极承接产业转移，加强跨境劳务合作，深化我国广西与越南在劳动密集型产业上的合作（周均旭、常亚军、何惠榕等，2018）。三是以口岸开放促进产业转型升级的研究。口岸贸易通过贸易收入反哺、资本积累等途径促进制造业发展（梁若冰，2015），但是需要较长时才能发挥作用（张尧、佟光霁，2020）。因此，边境口岸应抓住"一带一路"倡议带来的机遇，深化"双向开放"，促进产业集聚（张丽君、张珑、李丹，2016），积极利用国家开放政策促进边境旅游业发展（黄爱莲、朱俊蓉、罗平雨，2021）。

（二）边境口岸产业转型升级途径的相关研究

一是构建口岸产业转型升级的平台体系。亚洲开发银行（ADB，2016）的研究报告表明，边境经济特区能够提升国际供应链的一体化水平。利用出口加工区、跨境经济合作区等平台，发展出口加工业，打造边境特色产业链（梁振民、陈才，2012；杨磊，2014；廖瑜，2015）。积极探索"一口岸、多通道"监管模式，着力推进园区建设，推动农业、矿产、生物等合作开发，促进口岸经济发展（付永丽，2021）。西南边境地区充分利用边境口岸特有的丰富资源（如林业资源、矿产资源，以及接壤国家的人力资源等），聚集大量的人口和劳动密集型产业，形成一批具有一定影响力的跨境经济合作区（曹贵雄，2020）。新疆口岸为应对贸易结构单一、对周边经济带动性较弱等突出问题，应调整其口岸分布（薛才玲等，2021）。二是发展边境特色产业。边境口岸城市应在发挥自身优势的基础上，吸引大型的、有实力的外资企业，构建具有本地特色的多元产业体系（于天福、隋丽丽、李富祥，2015）。我国广西口岸应立足实际，面向越南、柬埔寨等东南亚、南亚市场，发展机电、农机、生活日用品等出口加工产业集群，促进加工贸易转型升级，从而将沿边单一通道型进出口贸易转变为口岸型进出口贸易经济（何敏、欧明刚，2016）。中老边境的磨憨—磨丁口岸应重点推进特色生物等产业，关累—班赛口岸应重点发展冰鲜水产品、中药材等产业，推动口岸传统产业升级换代（曹贵雄、冯润，2022）。内蒙古边境应重点发展特色绿色畜产品、边境特色文化旅游业，实现"优化一产，提升二产，壮大三产"的发展目标（张遥，2021）。针对边境特色旅游产业而言，西藏鲁朗国际旅游小镇的"高原旅游+对口援藏"、广西东盟水果小镇的"边境旅游+水果贸易"、云南翁丁村的"生态旅游+佤族文化"是旅游产业高质量发展的重要模式（王鹏飞、夏杰长、胡典成，2021）。三是推动沿边产业链升级。沿着国内价值链（NVC）—全球价值链（GVC）的路径，推动边境经济向全球价值链高端迈进（王谷成、李宇薇、阮思阳，2017）。具体可以"一带一路"为重点，以互联网、大数据、人工智能和实体经济深度融合为手段，构建具有边疆特色的产业链（李光辉、黄华，2021）。与东盟临近的边境陆路地区可利用技术来提高出口产品的质量，发展技术密集型和资本密集型产业，拓展国内增值链条（Li and Hu，2021）。

三、"一带一路"倡议对边境口岸产业发展影响的相关研究

基于上述同样的原因，梳理"一带一路"倡议对边境口岸产业发展影响的相关研究也包含了对边境产业影响的相关文献。

（一）"一带一路"倡议为边境口岸产业发展带来新机遇的相关研究

一是"一带一路"倡议提升了边境口岸地位的研究。口岸是对外开放的重要节点，因此"一带一路"倡议给口岸发展带来重大机遇（郭宏宇、

竺彩华，2016）。具体表现为"一带一路"倡议主要通过改善沿边地区的地缘环境和区位条件，吸引产业和人口集聚，从而提升沿边地区的发展活力（刘慧、程艺，2018），使"边疆"变为"中心"（吕文利，2015；宋涛等，2017），从"末梢"变"前沿"和从"后卫"变"前锋"（张欣、崔月明，2019），导致边境战略地位提升。比如"一带一路"倡议与欧亚经济联盟顺利对接之后，俄罗斯自然资源红利及优势进一步提升，市场得到扩展，人力资源僵局被打破，从而对东北边境产业发展具有重要的战略意义和现实意义（蒋随，2021）。受"一带一路"倡议带来的基础设施改善、对外合作深入等因素的影响，我国东北、西北和西南三大边境旅游片区非均衡发展（王桀、张琴悦，2021）。当然我们也应看到，在深度全球化时代，"一带一路"倡议的实施也给我国西部边疆带来了新的非传统安全问题（刘有军、谢贵平，2020）。二是"一带一路"倡议提升了口岸优势的研究。随着"一带一路"倡议的实施，我国口岸建设正逐步朝"互联网+"智慧型通关转变，区位优势更加凸显（姚陈敏、叶前林、何伦志，2016）；优化贸易环境，推动促进边境加工贸易发展壮大（侯儒，2021）。"一带一路"倡议促进了云南边境地区现代网络建设，降低了农产品交易的成本，提高了农产品的流通速度和流通效率，为云南边境农产品提供了新的出路（Wu，2019）。

（二）"一带一路"倡议创新边境口岸产业发展方式的相关研究

一是"一带一路"倡议促进产业发展平台构建的相关研究。随着"一带一路"倡议的实施，一批口岸升格和扩大开放，一批边民互市贸易区相继获批开通（李世泽，2018）。其中，随着"一带一路"倡议中的中国—中南半岛经济走廊建设进一步提速，云南边境的勐腊县边境合作区、国家重点开发开放试验区等众多跨境合作发展新平台获批，从而迸发出新的产业演进动能（孙曼、宋涛、计启迪，2022）。新亚欧大陆桥及中国—中亚—西亚经济走廊、孟中印缅及中国—中南半岛经济走廊、蒙俄经济走廊陆路节点口岸应实施差异化发展战略，发展不同的产业；而中巴经济走廊陆路节点口岸因自然条件极为恶劣，暂不适合发展加工制造业（穆沙江·努热吉，2020）。借鉴跨境产业园区建设经验，结合"一带一路"沿线能源产业特点，构建"一带一路"国际能源产业园区合作模式（余晓钟、刘利，2020）。在新时代以"一带一路"倡议为重点推动形成全面开放新格局背景下，应推动有条件的边境经济合作区向双边跨境经济合作区转型升级（胡超，2019）。二是"一带一路"倡议拓宽口岸产业合作空间的研究。"一带一路"倡议拓展边境与国内外区域合作的空间（朱金春，2018），导致边境地区可利用与邻国发展的共振效应，从周边国家获得资源（冯建勇，2016）。如霍尔果斯口岸在"一带一路"背景下积极开展跨境旅游合作（张彬、钟佳其，2017）。三是"一带一路"倡议下边境口岸产业发展路径的研究。为顺应"互联网+"和"一带一路"倡议发展趋势，发挥制造业在边境口岸发展中的作用，跨境电子商务与制造业一体化发展势在必行（Zhang，2019）。以边境金融合作为龙头，发挥我国金融资本和技术的比较优势，释放边境金融合作的聚集效应、产业效应和资本效应，促进"一带一路"共建国家设施联通、贸易畅通（高延芳，2017）。"贸工民"模式是边境城市融入"一带一路"的有效路径，有利于其产业经济的高质量发展（巫云仙，2020）。

四、文献评述

从现有文献可以看出，边境口岸产业发展与对外开放密切相关，为此本书选择在"一带一路"背景下研究西南陆路边境口岸产业转型升级问题。需要深入的地方是，一是对外开放对边境口岸产业影响理论图谱的关键之处尚存缺失。现有对外开放对边境口岸产业影响的理论与实践都存在对立的结果，这表明其中的理论图谱还没有完全勾勒出来，导致实践上难以找到突破边境口岸产业结构单一化困境的有效办法。二是边境口岸产业转型升级的路径设计尚存在一定误差。由于对边境口岸优势的认识还不够深刻，导致现有边境口岸产业转型升级的路径设计很少把口岸的具体优势与产业特征结合起来，导致路径选择的针对性存在不足。三是边境口岸产业转型升级实现的系统研究不足。现有为数不多的边境口岸产业转型升级实现研究主要考虑单一边境口岸因素，涉及口岸之间、口岸与内地之间、口岸与邻国之间等重要关系的不多，从而影响到边境口岸优势转化为产业转型升级的效果。为此本书从西南陆路边境口岸产业结构单一化的客观实际出发，拟在"一带一路"背景下回答如下几个问题：西南陆路边境口岸产业转型升级的内在机理及其面临的难点是什么？如何在"一带一路"背景下选择突破路径与构建实现机制？

第三节　研究思路、方法及创新点

一、研究思路

本书按照"提出问题—分析问题—解决问题"的总体思路来展开（见图1-4）。首先，本书通过文献研究和实地调研，从现实需要与理论创新角度提出西南陆路边境口岸产业转型升级问题，然后以国际贸易理论、区位理论、产业升级理论为基础，借鉴索恩（Sohn，2014）的研究，把开放条件下陆路边境口岸优势分解为空间区位效应、要素差异化效应、信息汇集效应，在此基础上借鉴新经济地理理论构建陆路边境口岸产业转型升级的分析框架，为后续路径选择与实现机制构建提供理论支撑；其次，采用定量分析与定性分析相结合的方法，验证相关理论基础，厘清转型升级的困难，把握转型升级的可能性；再次，综合口岸、产业等因素，提出承接转移、逆向延伸、创新插入三条转型升级路径；最后，从释放口岸效应、降低转型升级成本的角度出发，构建转型升级的实现机制。

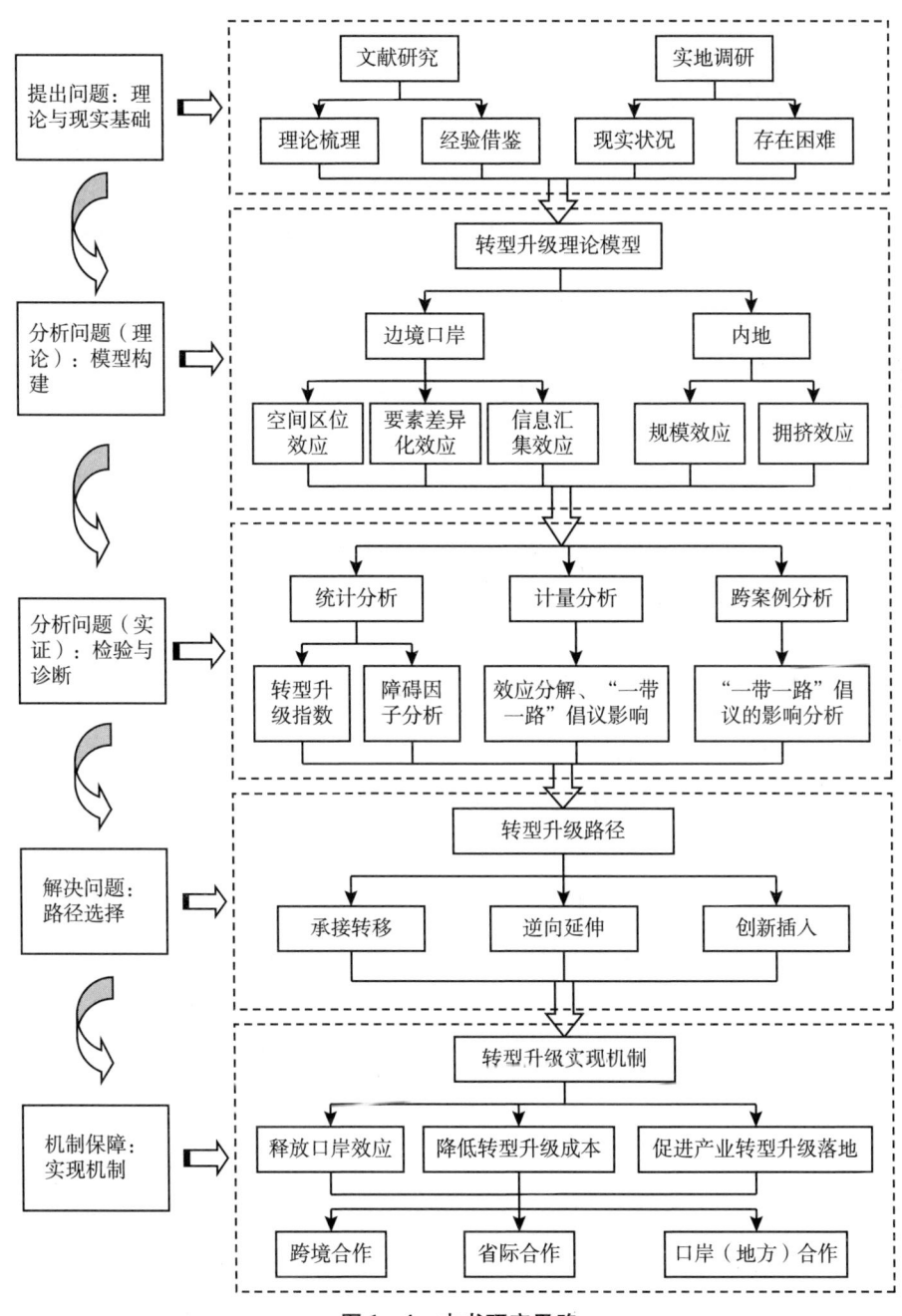

图1-4 本书研究思路

二、研究方法

(1) 文献研究方法。本书系统收集国内外边境口岸产业发展的相关文献及数据，形成专题研究资料，厘清陆路边境口岸产业相关理论发展脉络及其需要拓展之处。

(2) 实地调研方法。本书通过实地调查等途径，初步摸清西南陆路边境口岸产业发展现状及其转型升级困难，为后续的统计分析、计量分析、跨案例分析提供资料。

(3) 统计分析方法。本书综合相关统计年鉴数据，构建产业转型升级指数；采用障碍因子分析方法厘清西南陆路边境口岸产业转型升级面临的困难。

(4) 计量分析方法。本书采用面板数据模型，分解西南陆路边境口岸产业转型升级三大效应的贡献；采用双重差分方法，检验"一带一路"倡议对西南陆路边境口岸产业转型升级的影响。

(5) 社会网络分析方法。本书构建粤港澳大湾区—广西—云南及长三角地区—广西—云南两个包含西南陆路边境口岸的产业网络，厘清西南陆路边境口岸承接产业转移的空间路径。

(6) 跨案例分析方法。本书选取凭祥、瑞丽等典型口岸，根据"证据三角"原则综合整理相关案例资料，分析"一带一路"倡议对西南陆路边境口岸产业转型升级的影响。

三、创新之处

(一) 学术思想创新

本书构建包含对外开放对边境口岸产业影响两种对立结果的理论框架，

并采用面板数据模型和跨案例分析方法进行验证,从而把现有对外开放对陆路边境口岸产业影响的研究范式从静态推进到动态,明晰"一带一路"背景下西南陆路边境口岸从流通业向制造业转型升级的机理。

(二) 观点创新

一是系统提出西南陆路边境口岸产业转型升级的三条路径。本书以服务和融入新发展格局为导向,以释放"一带一路"背景下西南陆路边境口岸空间区位效应、要素差异化效应、信息汇集效应为切入点,提出承接转移、逆向延伸、创新插入三条产业转型升级的路径。其中,基于产业网络的密度和中心性比较,认为西南陆路边境口岸承接产业转移的区域应重点选择粤港澳大湾区;逆向延伸的具体方式包括流通加工、品牌引领、产业融合等方式。二是提出西南陆路边境口岸产业转型升级的三个机制。本书从释放边境口岸效应、降低产业转型升级成本角度出发,通过跨境、省际、口岸(地方)等合作机制推动西南陆路边境口岸产业转型升级。其中,完善口岸要素流通、产业合作等跨境合作机制,充分释放陆路边境口岸三大效应。加强西南三省区内部及其与东部之间的省际合作,积极降低产业转型升级成本。加强西南陆路边境口岸的海关、地方政府、企业协同,及与其他沿边开放平台合作等,合力推动产业转型升级。三是创新铸牢中华民族共同体意识的实践路径。"一带一路"背景下西南陆路边境口岸产业转型升级,促进边境贸易就地加工,把边贸政策红利更多留在口岸,推动特色产业发展,有利于扩大西南陆路边境各民族就业,增加各民族收入,深化各民族交往交流交融,从而创新铸牢中华民族共同体意识的实践路径。

(三) 研究方法创新

一是采用面板数据模型把对外开放背景下的西南陆路边境口岸优势分解

为空间区位效应、要素差异化效应、信息汇集效应。二是采用社会网络分析方法，构建包含西南陆路边境口岸的粤港澳大湾区—广西—云南与长三角地区—广西—云南的两个产业空间网络，利用网络密度、网络中心度等指标，厘清西南陆路边境口岸承接产业转移的空间路径及其重点承接的产业。

|第二章|
陆路边境口岸产业转型升级的理论研究

本章在国际贸易理论、区位理论、产业升级理论基础上，借鉴索恩（Sohn，2014）的研究与新经济地理理论等，构建陆路边境口岸产业转型升级的理论框架，为本书研究奠定理论基础。

第一节 相关理论基础

一、国际贸易理论

国际贸易理论主要是解释国际贸易发生动因的理论，其发展经历了古典贸易理论、新古典贸易理论、新贸易理论、新新贸易理论等阶段，其代表性理论依次为比较优势理论、要素禀赋理论、规模经济贸易理论、异质性贸易理论等（见表2-1）。其中，比较优势理论由李嘉图（Ricardo，1817）在斯密的绝对优势理论基础上提出，假设在只有两个国家、两种商品、一种要素投入的世界里，且两国只有要素存在差异而其他条件相同，则一国应生产和出口其比较优势最大的产品，进口其比较优势最弱的产品。要素禀赋理论由赫克歇尔和俄林（Heckscher and Ohlin，1933）提出，把比较优势理论的要素投入从一种拓展到多种，认为一国应该出口其生产要素密集的产品，而进口其要素稀缺的产品。规模经济贸易理论由克鲁格曼等（Krugman et al.，1985）提出，把比较优势理论和要素禀赋理论从规模经济不变拓展到规模经济递增，认为市场规模的扩大有利于降低生产成本，从而增加产品竞争能力。异质性贸易理论主要由梅利兹（Melitz，2003）等在垄断竞争贸易模型的基础上引入企业生产率的异质性，把国际贸易研究深入企业层面，认为高生产率企业参与国际市场竞争，而低生产率企业只面向国内市场，从而提升整体生产率。可见国际贸易理论是从规模经济不变向规模经济递增、从企业同质向企业异质等方向演进。根据国际贸易理论，在对外开放的背景下，陆路边境口岸如何把毗邻国外市场和资源优势转换为产业集聚优势是本书研究的重点。

表2-1　　　　　　　　　　国际贸易理论的演进

发展阶段	古典贸易理论	新古典贸易理论	新贸易理论	新新贸易理论
代表性理论	比较优势理论	要素禀赋理论	规模经济贸易理论	异质性贸易理论
代表人物	李嘉图	赫克歇尔和俄林	克鲁格曼	梅利兹
主要创新	机会成本	多国多要素投入	规模经济	企业异质性
主要观点	一国应根据比较优势决定其分工及其进出口贸易	一国应根据要素禀赋决定分工及其进出口贸易	市场规模的扩大有利于降低生产成本	企业生产率决定其是否参与国际市场竞争

资料来源：笔者根据相关资料整理。

二、区位理论

作为人类活动空间的区位，不同的学者对其有不同的看法。有的观点认为，区位仅仅是指事物存在的场所或位置；而有的观点认为，区位是指事物活动场所的相关行为，包括其位置及相互之间的行为关系。本书综合上述两类观点，认为区位不仅包含某事物所占的场所，还包括其中的空间区位选择及其经济活动优化组合过程。区位理论的发展主要经历了古典区位理论、近代区位理论、现代区位理论（见图2-1）。其中，古典区位理论的代表包括农业区位理论（Thünen，1826）和工业区位理论（Weber，1909）。农业区位理论认为，生产成本、农产品的市场价格及其从产地到市场的运输费用共同决定单位面积土地上所获得的最大利润。工业区位理论的核心就是综合考虑运输、劳动力及集聚因素的相互作用，选择工业产品的生产成本最低点作为工业企业的理想区位。近代区位理论的代表是中心地理论（Christaller，1933）与市场区位理论（Lösch，1954）。中心地理论基于"理想地表"与生产者和消费者均属于经济行为合理者假设，以市场原则为基础，以交通原则、行政原则为补充，构建空间均衡模型。市场区位理论假设生产要素和消费者的空间分布是匀质且不可移动的，并且假定市场是不完全竞争并存在规模经济，则企业根据消费者分布、产品的运费、规模经济等因素来决定其生产最佳区位。现代区位理论的代表是新古典区位理论（Isard，1956）和新经济地理理论（Krugman，1991）。艾萨德把匀质的空间（理想地表）拓展到非匀质的空间，强调区位选择的替代关系，构建了包含区位和空间经济的一般均衡理论。新经济地理理论的中心—外围模型认为，假设第一自然优势相同，则经济活动集聚主要由规模经济累积形成，揭示了产业空间集聚的内在机理。可见，区位理论的发展是从匀质空间向异质空间、从完全竞争市场向非完全竞争市场、从外生机制向内生机制等方向演进，越来越接近现实。根据区位理论,在封闭经济的情况下,陆路边境口岸在国内经济的末端,处于不利的位置;而对外开放把其变为国际经济合作的前沿。因此,陆路边境口岸作为一国对外开放的前沿,其参与国际贸易具有联结国外市场成本相对较低的优势,因此应充分利用其区位优势参与国际分工,推动产业转型升级。

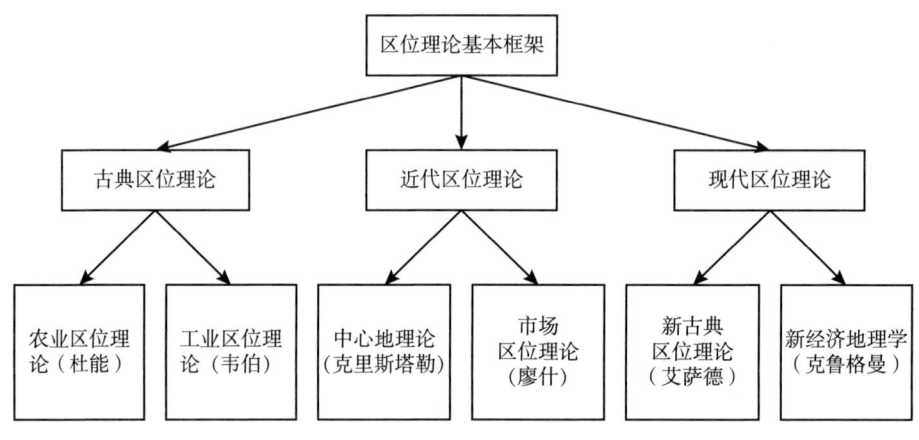

图 2-1　区位理论的基本框架

资料来源:笔者根据相关资料整理。

三、产业升级理论

产业升级包含产业间和产业内两个层面,其都是人均劳动生产率提升的结果(见表2-2)。其中,产业间层面的升级是指将生产资源向更高附加值的新产业转移的过程。根据配第—克拉克定理,产业收入的变化引起劳动力从第一产业依次向第二、第三产业转移,从而导致产业结构从以第一产业为主依次向以第二、第三产业为主演进。库兹涅茨法则指出,随着经济发展,一国农业在国民收入中的占比呈现持续下降态势,第二产业的占比则表现先升后降的波动态势,第三产业的占比演进与农业相反,呈现不断上升的态势(Kuznets,1941)。根据刘易斯的二元结构理论,由于工业部门的劳动报酬比农业部门高，导致劳动力从农业部门向工业部门流动，直至两者的劳动报酬相同（Lewis，1954）。可见，产业间的收入差距是导致产业结构变迁的主要动因。从产业内层面而言，产业升级是指生产活动向更加先进的产品或生产环节迈进的过程。从全球价值链角度而言，产业升级包括生产效率提高的过程升级、产品单位价值提高的产品升级、生产环节向更高附加值提升的功能升级、跨价值链升级（Humphrey，Schmitz，2004）。以上两个层面的产业升级基本上都认为产业升级是线性的，即产业结构从以第一产业为主依次向以第二、第三产业为主演进，或参与环节从生产环节向流通环节演进，但现实是产业升级并非是线性的，特别是第二、第三产业之间，不能简单认为第二产业向第三产业迈进就是产业升级，反之则不是。赤松要（Kaname Akamatsu，1932）的雁行理论就认为，后发国家应先从先进国家引进产品和技术，发展本国产业，最后再出口国际市场，构建"进口—国内生产—出口增长"周期性发展模式，从产业发展周期角度分析了贸易与产业之间的演进关系。美国奥巴马政府于2009年底开始，为实施再工业化战略陆续出台了《重振美国制造业框架》等相关政策；特朗普政府把再工业化上升到美国国家战略安全政治层面，大力降低美国企业的税费；拜登政府认为制造业是美国的"脊梁"，并通过出台"买美国货"的行政措施鼓励制造业回流。美国等发达国家实施再工业化的原因有：一是再工业化有利于增加国内就业；二是创新系统和生产系统是一个有机整体，制造业生产过程是美国创新能力的重要组成部分（William，2016）。可见，产业升级不仅要考虑到产业内部的收益，还要考虑其就业创造等外部性因素。此外，关于产业升级的方向主要依据主导产业选择理论，包括需求收入弹性基准和生产率的筱原基准（Shinohara Miyohei，1957）、影响力系数和感应度系数的赫希曼标准（Hirschman，1958）、扩散效应的罗斯托基准（Rostow，1998）。本书主要针对西南陆路边境口岸"过货化"问题，以产业间的转型升级（主要从流通业向制造业升级）为主，兼顾产品内转型升级（从流通环节向生产环节的转型升级），推动边疆民族地区高质量发展。

表 2-2   主要产业升级理论

类型	线性		非线性
	产业间升级	产业内升级	
代表理论	配第—克拉克定理、库兹涅茨法则、刘易斯二元结构理论	全球价值链升级理论	再工业化理论
升级路径	产业结构从以第一产业为主依次向以第二、第三产业为主演进	过程升级、产品升级、功能升级、跨价值链升级	制造业回流

资料来源：笔者根据相关资料整理。

第二节　陆路边境口岸优势的理论框架

本书在索恩（Sohn，2014）研究的基础上，结合陆路边境口岸与邻国相邻相通等特点，把其开放条件下的优势分解为空间区位效应、要素差异化效应、信息汇集效应。

一、空间区位效应

空间区位效应是指陆路边境口岸连接国外市场的空间区位导致包含运输成本在内的交易成本下降。根据克鲁格曼（Krugman，1992）等的观点，陆路边境口岸的区位属于静态优势，而汉森（Hanson，1996）进一步证实该静态区位优势有利于降低交通成本。假设有甲、乙两个国家，竖线是两国的陆路边境线，横线是连接两国的陆路通道，A是甲国连接乙国的陆路边境口岸。若甲、乙两国市场是联通的，并且主要通过A口岸进行。进一步假设甲国内部的生产成本是匀质的,则根据市场区位理论,运输成本是影响其布局的重要因素。甲国内部的制造业有向口岸 A 转移的趋势,因为其不仅可供国内市场,还能降低对乙国的输出成本(见图 2-2)。墨西哥边境利用接近美国市场的区位优势吸引墨西哥城的制造业转移,该国北部边境 7 个州的制造业就业人数占全国制造业就业人数的比重从 1985 年的 17.4% 上升到 1993 年的 30.1%(季旭东,2005);缅甸与泰国的相互开放导致缅甸的纺织业向其靠近泰国的边境地区转移,均证实了上述观点。

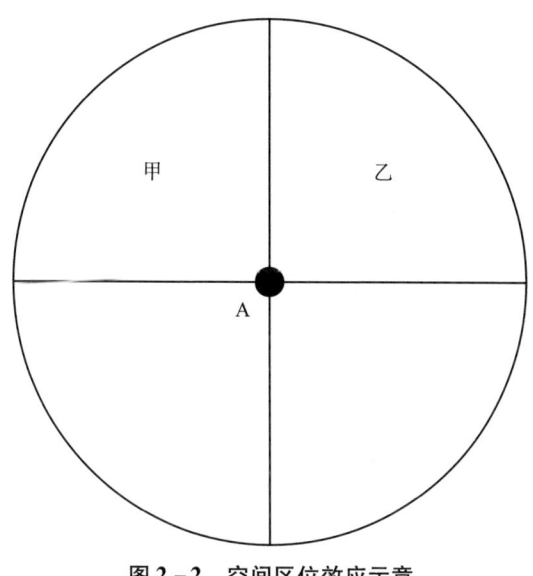

图 2-2 空间区位效应示意

二、要素差异化效应

要素是生产的主要投入,因此无论是国际贸易理论还是区位理论,均认为其是影响分工(布局)的主要因素。一般而言,生产要素包括资本、土地、劳动力、技术等,其中资本和技术的国际性流动相对容易,劳动力的跨国流动较弱,而土地则不具有流动性。要素差异化效应是指利用陆路边境口岸因两侧要素差异而带来的生产成本节约①,从而推动产业转型升级。在开放条件下,陆路边境口岸可以利用邻国的要素,特别是劳动力来降低其生产成本,这对于发展劳动密集型产业而言尤其重要。其中典型的案例有,美国的制造业为了节约劳动力成本,把零部件出口到墨西哥的北部边境组装,然后再进口至美国。根据世界银行数据库的资料,在1960~1990年,墨西哥的人均GDP占美国人均GDP的均值为14.32%,表明两国工资存在巨大的差距(见图2-3)。为利用缅甸廉价的劳动力,泰国的制造业从曼谷向靠近缅甸的边境转移,其中仅泰缅边境的湄索经济特区就集聚了80000名缅甸劳工,为曼谷及其周边的纺织、服装产业等进行贴牌生产(2010年数据)。②根据2016年对泰缅边境的湄索经济特区100家企业

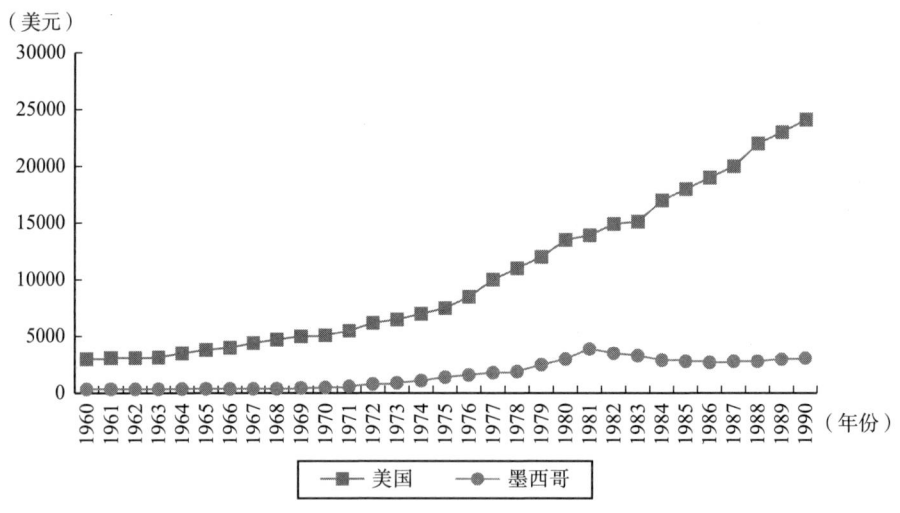

图2-3 1960~1990年美国和墨西哥人均GDP比较

资料来源:世界银行数据库。

---

① 其中综合考虑了要素跨境利用成本。
② Krainara C and Routray J K. Cross-Border Trades and Commerce between Thailand and Neighboring Countries: Policy Implications for Establishing Special Border Economic Zones [J]. Journal of Borderlands Studies, 2015 (3): 345-363.

10334 名生产工人的调查，有 8046 名来自外国（其中主要来自缅甸），占比超过 3/4。①

三、信息汇集效应

人类经济社会发展经历了农业经济、工业经济之后，正在向数字经济迈进，信息要素的重要性越来越凸显（见表 2-3）。罗默（Romer，1983）提出应把知识（信息）当成一种生产要素；马克卢普（Machlup，1962）和波拉特（Porat，1977）则提出要把信息作为一种商品或产业来研究。奈斯比特（Naisbitt，2009）认为，在信息社会，信息是与能源同等重要，甚至更加重要的资源，是全社会的政治、经济和文化发展的核心。当前全球经济正处于第四次产业革命（即数字革命）的进程之中，信息要素对经济增长和人民生活的贡献越来越大，有研究甚至认为信息要素对国民经济增长的贡献超过资本和劳动。信息的价值主要体现在其能够减少决策中的不确定性，降低企业的单位生产成本和贸易成本，因而成为促进制造业转型升级的核心要素。如今，社会各界对信息作为生产要素的认识更加深刻，围绕信息形成的产业更是成为各地政府重点发展的产业方向。位于浙江的德清地理信息小镇，聚集相关企业 430 多家，2021 年其地理信息产业收入达到了 260 亿元。②

表 2-3　　　　　　　　　　生产要素重要性的演变

项目	农业经济	工业经济	数字经济
第一要素	土地	资本	信息
第二要素	劳动	土地	技术

---

① Asian Development Bank. The Role of Special Economic Zones in Improving Effectiveness of GMS Economic Corridors [R]. Mandaluyong City, Philippines: Asian Development Bank, 2016.
② 黄丽丽. 德清闯出县域服务业发展新天地 [N]. 浙江日报，2022-08-22.

续表

项目	农业经济	工业经济	数字经济
第三要素		劳动	资本
第四要素			土地
第五要素			劳动

资料来源：于立，王建林. 生产要素理论新论——兼论数据要素的共性和特性［J］. 经济与管理研究，2020（4）：62-73.

信息集聚是指信息在不断地汇集—传递—加工—更新—外溢的过程中，多样性的市场信息和私人交易信息被不断地汇集、扩散、叠加、合成。因此，信息汇集效应是指利用陆路边境口岸信息汇集优势，通过信息收集、处理，然后运用到研发、生产、流通中，推动口岸产业转型升级，其中的信息又再次被收集、利用（见图2-4）。陆路边境口岸地理位置特殊，是国家开放的前沿，是跨国信息交流的主要通道，因而可以收集大量的信息资源，降低市场搜寻成本和交易沟通成本，掌握市场需求和节约生产成本，促进口岸产业转型升级。

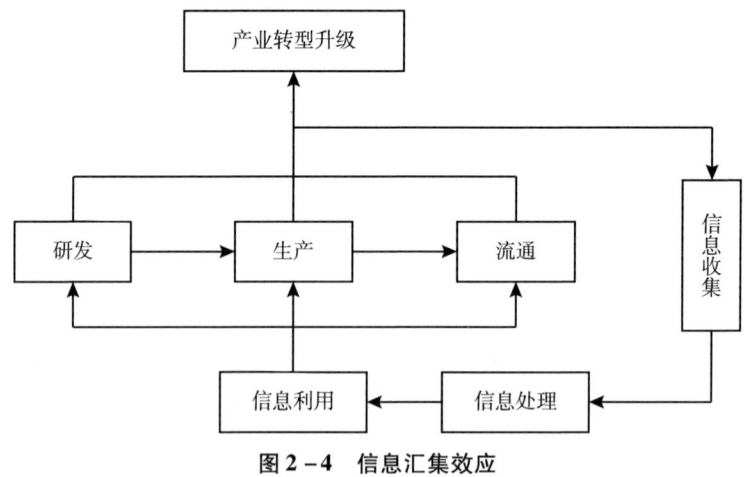

图2-4 信息汇集效应

资料来源：本图参考了 UNCTAD. Digital Economy Report［R］. 2019.

第三节　陆路边境口岸产业转型升级机理

一、陆路边境口岸产业转型升级的内涵与特征

(一) 陆路边境口岸产业转型升级的内涵

本书陆路边境口岸产业转型升级概念主要针对的问题是，陆路边境口岸如何实现从通道经济向口岸经济的转型升级，即充分发挥陆路边境口岸的优势，推动口岸经济从贸易流通向加工制造转型升级，带动沿边经济高质量发展，实现兴边富民。事实上，发展边境工业（border industry）具有较长的历史，墨西哥实施边境工业化来化解该国对美国的巨大移民压力（Francisco，1986），南非发展边境工业来舒缓大都市区的过度拥挤（Bes，1971）。可见对于欠发达国家而言，边境工业的发展主要在于利用当地的劳动力优势和利用邻国的优势规避生产性服务业的不足（Kudo，2007）。对我国而言，陆路边境口岸产业转型升级不仅有利于实现产业兴边富民，助推边疆民族地区高质量发展，还有利于扩大对邻国的溢出效应。

(二) 陆路边境口岸产业转型升级的特征

一是从贸易流通向加工制造转型。按照配第—克拉克定理，随着经济发展，劳动力由第一产业向第二产业，再向第三产业转移。而陆路边境口岸因为其区位优势，贸易流通产业发展较快，并占主体地位，但是由于其流通的商品主要来源于其他区域，因而对当地而言附加值不高，对其经济发展的贡献不够大，因此需要从贸易流通向加工制造转型。二是从简单的加工制造向

复杂的加工制造升级。即对进口原料从低附加值的简单分装、粗加工向高附加值的精深加工转变。比如，广西东兴红木从简单的代理经销升级到原木—设计—加工—销售的全产业链条。三是从简单的面向邻国向融入国内国际双循环转型。周边国家，特别是东盟是我国经济外部循环的重点。根据中国海关总署公布数据，2021年中国与东盟双边贸易总额为8782亿美元，同比增长28.1%，东盟连续两年成为我国最大贸易伙伴。① 其中，2020~2021年我国对东盟进出口总额分别为3945.1亿美元、4836.9亿美元，同比分别增长30.8%、26.1%。② 而我国的巨大国内市场是全球可持续发展的稳定之锚。我国GDP占全球的比重从1980年的1.73%上升到2021年的18.45%，年均上升0.41个百分点（见图2-5），成为世界第二大经济体。因此，陆路边境口岸作为我国对外开放的前沿，应该从服务和融入国家双循环新发展格局的角度来思考产业转型升级。

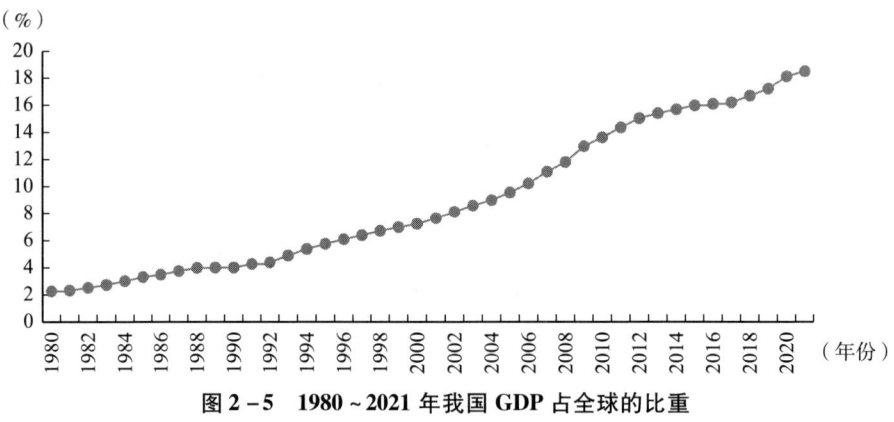

图2-5　1980~2021年我国GDP占全球的比重

资料来源：世界银行数据库。

---

① 中华人民共和国商务部. 2021年中国—东盟经贸合作简况 [EB/OL]. http://bn.mofcom.gov.cn/article/ztdy/202201/20220103265625.shtml.
② 周东洋. 中国和东盟经贸合作提质升级 [N]. 中国贸易报, 2022-02-08.

(三) 陆路边境口岸产业转型升级的意义

根据调研，西南边民互市贸易的商品相当部分运往广东、福建等东部沿海地区进行加工后再销往全国，对沿边发展的贡献没有充分释放，是典型的通道经济。西南陆路边境口岸充分发挥其空间区位效应、要素差异化效应、信息汇集效应，推动从贸易向制造业的转型升级，实现通道经济向口岸经济迈进。这一方面有利于增加口岸的附加值，带动边境经济高质量发展；另一方面有利于增加以少数民族为主的边民就业和收入，让边民共享改革发展成果，促进铸牢中华民族共同体意识。

二、陆路边境口岸产业转型升级的静态机理

从陆路边境口岸的特殊性出发，本书借鉴新经济地理理论，构建包含三个区域（即国内的陆路边境口岸、内地及邻国）的产业转型升级模型。由于自然资源分布等原因，我国经济发展空间是非均衡的，其中东部的发展水平高于陆路边境口岸。因此，本书认为，陆路边境口岸产业转型升级是口岸的空间区位效应、要素差异化效应、信息汇集效应及内地的规模效应与拥挤效应共同作用的结果。其中，空间区位效应有利于降低陆路边境口岸产业转型升级的交易成本，要素差异化效应和信息汇集效应有利于为其产业转型升级提供要素支撑。内地的规模效应是指内地因制造业规模而获取的生产成本节约，主要来源于产业聚集带来平均成本的下降、运输费用的降低以及劳动力资源的共享利用等，从而导致内地产业进一步集聚。但产业过度集聚会导致规模效应向拥挤效应转变，即一定空间范围内，因产业过度集聚导致要素比例失衡而带来的非经济性，导致内地产业向陆路边境口岸转移，促进陆路边境口岸产业转型升级。口岸的空间区位效应、要素差异化效应、信息汇集效应及内地的拥挤效应为陆路边境口岸产业转型升级的引力，而内地的规模效

应为阻力。可见，陆路边境口岸产业转型升级的理论条件是引力大于阻力。

三、陆路边境口岸产业转型升级的动态机理

对外开放是影响陆路边境口岸产业转型升级的重要因素。对外开放把陆路边境口岸从经济发展的边缘变为开放发展的前沿，与邻国之间的关系从屏蔽效应变为中介效应。对外开放程度越高，陆路边境口岸与邻国的互联互通水平越高，交通运输成本越低，对邻国市场的辐射程度越高（市场规模越大），空间区位效应越显著。对外开放程度越高，陆路边境口岸对外开放平台更多，与邻国之间的要素流通性加强，利用邻国优势资源的可能性上升，并且其利用成本下降，要素差异化效应也更显著。对外开放程度越高，陆路边境口岸与邻国的信息交流越密切，信息汇集效应越大。而中心区域由于对外开放带来快速发展，导致产业过度集聚，造成拥挤效应大于规模效应。可见，对外开放从广度、深度方面作用于陆路边境口岸三效应，从而达到引力大于阻力，推动其产业转型升级。20世纪60年代中期，美墨的相互开放，促进了墨西哥边境工业的发展。其中，美国对利用其出口的零部件加工组装的产品进口仅对增值部分征税，而墨西哥在边境地区设立出口加工区，并放弃出口替代政策，取而代之的是对美国制造企业在其北部边疆生产所需的机械设备进口免税、对零部件等进口若在18个月内再出口则免税，此举有利于充分利用墨西哥廉价的劳动力,[1] 推动墨西哥服装、电子和电器设备、汽车零部件等产业快速发展。到1993年，墨西哥靠近美国边境的出口加工区吸引了2000多家企业，就业人数达50万人。[2]

---

[1] 胡超. 边境地区开发开放的国际经验与启示[J]. 边界与海洋研究, 2018 (5): 78-91.
[2] Krainara C. Border Economic Zones and Development Dynamics in Thailand: A Comparative Study of Bordering Countries [R]. Asian Institute of Technology School of Environment, Resources and Development Thailand, 2016.

第四节 本章小结

本章在国际贸易理论、区位理论、产业升级理论基础上,借鉴索恩(Sohn,2014)的研究与新经济地理理论等,构建包含邻国、陆路边境及内地的口岸产业转型升级的理论分析框架。其中,陆路边境口岸空间区位效应、要素差异化效应、信息汇集效应及内地的拥挤效应是推动口岸产业转型升级的引力,而内地的集聚效应是其阻力。对外开放有利于释放口岸的空间区位效应、要素差异化效应、信息汇集效应,从而推动陆路边境口岸产业转型升级。与索恩(Sohn,2014)等研究相比,本书进一步将空间区位效应、要素差异化效应、信息汇集效应嵌入陆路边境口岸产业转型升级机制中。

第三章
西南陆路边境口岸产业转型升级的现状与问题分析

本章首先介绍西南陆路边境口岸状况,其次采用统计分析方法研究其产业转型升级现状,最后采用障碍因子分析方法研究其转型升级存在的主要问题。

第一节 西南陆路边境口岸现状

一、广西陆路边境口岸现状

我国广西与越南四个边境省(谅山、广宁、高平、河江)接壤,沿边地区有崇左、防城港、百色三个地级市、八个边境县（市、区）（凭祥、龙州、宁明、大新、东兴、防城、靖西、那坡），2020年沿边地区人口为270万人左右。[①] 目前广西共有12个陆路边境口岸，其中9个为一类口岸，3个为二类口岸（见表3-1）。[②] 其中，龙州早在1889年就被辟为我国对外陆路通商口岸，是广西最早对外开放的通商口岸。作为中国—中南半岛经济走廊的重要枢纽，广西陆路边境口岸开放程度越来越高，与东盟国家开展经济合作的形式也越来越丰富。此外，当前广西沿边拥有布局在凭祥的中国（广西）自由贸易试验区崇左片区，该区以跨境的贸易、物流、金融、旅游及劳务合作为重点，打造跨境产业合作示范区。广西沿边有3个重点开发开放实验区（东兴重点开发开放试验区、凭祥重点开发开放试验区、百色重点开发开放实验区）、5个边境经济合作区（东兴边境经济合作区、凭祥边境经济合作区、百色（靖西）边境经济合作区、防城边境经济合作区、龙州边境经济合作区）、4个边境旅游试验区和跨境旅游合作区（广西防城港边境旅游试验区、中越德天—板约国际旅游合作区、中国龙邦—越南茶岭国际旅游合作区、中国孟麻—越南北坡红色旅游区）。

表3-1　　　　　　　　广西陆路边境口岸概况

所属地级市	所属县（市）	口岸名称	类型	口岸等级
防城港市	东兴市	东兴口岸	公路	一类
	防城区	峒中口岸	公路	一类
崇左市	凭祥市	凭祥口岸	铁路	一类
		友谊关口岸	公路	一类
		平面关口岸	公路	二类

---

① 广西人大网．关于边境地区巩固拓展脱贫攻坚成果同乡村振兴有效衔接工作情况的调研报告[EB/OL]．https://dhzt.gxrd.gov.cn/html/art177602.html．

② 一类口岸是指国务院批准开放的口岸，二类口岸是指由省级人民政府批准开放并管理的口岸。

续表

所属地级市	所属县（市）	口岸名称	类型	口岸等级
崇左市	龙州县	水口口岸	公路	一类
		科甲口岸	公路	二类
	宁明县	爱店口岸	公路	一类
	大新县	硕龙口岸	公路	二类
百色市	靖西市	龙邦口岸	公路	一类
		岳圩口岸	公路	二类
	那坡县	平孟口岸	公路	一类

资料来源：笔者根据相关资料整理。

二、云南陆路边境口岸现状

我国云南与缅甸、老挝、越南接壤，目前共有19个陆路边境口岸，其中一类口岸12个、二类口岸7个（见表3-2）。云南陆路边境口岸是"一带一路"倡议中国—中南半岛、孟中印缅两大经济走廊的重要节点。其中，对越南的6个口岸分别为河口（铁路）、河口（公路）、天保、金水河、都龙、田蓬；对缅甸的11个口岸分别为瑞丽、畹町、孟定清水河、腾冲猴桥、打洛、孟连、沧源、南伞、章凤、盈江、片马；对老挝的2个口岸分别为磨憨、勐康。此外，位于河口的中国（云南）自由贸易试验区红河片区与位于瑞丽的中国（云南）自由贸易试验区德宏片区，以加工及贸易、大健康服务、跨境旅游、跨境电商等为重点，是连接南亚东南亚大通道的重要节点，将打造成面向南亚东南亚的辐射中心、开放前沿。云南还有2个重点开发开放试验区（勐腊（磨憨）重点开发开放试验区、瑞丽重点开发开放试验区）、4个边境经济合作区（河口边境经济合作区、临沧边境经济合作区、畹町边境经济合作区、瑞丽边境经济合作区）。

表3-2　　　　　　　　　云南陆路边境口岸概况

所属州（市）	所属县（市）	口岸名称	类型	口岸等级
保山市	腾冲市	猴桥口岸	公路	一类
普洱市	江城哈尼族彝族自治县	勐康口岸	公路	一类
	孟连傣族拉祜族佤族自治县	孟连口岸	公路	二类
临沧市	镇康县	南伞口岸	公路	二类
	耿马傣族佤族自治县	孟定清水河口岸	公路	一类
	沧源佤族自治县	沧源口岸	公路	二类
红河州	金平苗族瑶族傣族自治县	金水河口岸	公路	一类
	河口瑶族自治县	河口口岸	公路	一类
		河口口岸	铁路	一类
文山州	麻栗坡县	天保口岸	公路	一类
	富宁县	田蓬口岸	公路	二类
	马关县	都龙口岸	公路	一类
西双版纳州	勐海县	打洛口岸	公路	一类
	勐腊县	磨憨口岸	公路	一类
德宏州	瑞丽市	瑞丽口岸	公路	一类
		畹町口岸	公路	一类
	盈江县	盈江口岸	公路	二类
	陇川县	章凤口岸	公路	二类
怒江州	泸水市	片马口岸	公路	二类

资料来源：笔者根据相关资料整理。

三、西藏陆路边境口岸现状

西藏地处我国西南边陲，毗邻尼泊尔、印度、不丹、缅甸等国，有21个边境县、7个陆路边境口岸（见表3-3）。其中日屋口岸、陈塘口岸、樟木口岸、吉隆口岸、里孜口岸、普兰口岸与尼泊尔相邻；亚东口岸与印度相邻。

西藏陆路边境具有边境线长、口岸少,但口岸通商历史悠久等特点。其中,从 17 世纪中叶开始,亚东口岸逐渐成为中印之间的主要贸易通道。樟木口岸是国家一类口岸,是西藏目前最大的边贸口岸。

表 3-3　　　　　　　　西藏陆路边境口岸概况

所属市	所属县	口岸名称	口岸等级
日喀则市	亚东县	亚东口岸	一类
	定结县	日屋口岸	二类
		陈塘口岸	二类
	聂拉木县	樟木口岸	一类
	吉隆县	吉隆口岸	一类
	仲巴县	里孜口岸	二类
阿里地区	普兰县	普兰口岸	二类

资料来源:笔者根据相关资料整理。

第二节　西南陆路边境口岸产业转型升级现状

一、指标构建

考虑到西南陆路边境口岸制造业等第二产业发展较为落后,流通业等第三产业占比较高,"过货化"现象比较突出,因此产业结构转型升级应重点发展制造业等第二产业。本书基于数据可获性,参考徐敏、姜勇(2015)的做法,构建西南陆路边境口岸产业转型升级指数,具体计算公式如下:

$$IS = \sum_{i=1}^{3} q_i \times i = q_1 \times 1 + q_2 \times 3 + q_3 \times 2 \quad (3-1)$$

其中，q_i 代表第 i（$i=1$、2、3）产业产值占 GDP 比重，并且分别给第一、第二、第三产业赋予 1、3、2 的权重。IS 越小表明产业结构层次越低，IS 越大表明产业结构层次越高。需要说明的是，以往产业转型升级指数通常将第三产业赋值 3、第二产业赋值 2，而本书根据西南陆路边境口岸的特殊性将第二产业赋值 3，第三产业赋值 2 进行计算。

二、数据来源

本节主要对 2005~2020 年西南陆路边境口岸所在的 31 个县（市、区）产业转型升级进行统计分析。[①] 相关数据主要来源于《中国县域统计年鉴》《中国民族统计年鉴》《中国区域经济统计年鉴》《广西统计年鉴》《云南统计年鉴》《西藏统计年鉴》等，其中部分缺失数据用插值法补齐。

三、结果分析

（一）总体视角分析

2005~2020 年西南陆路边境口岸的产业结构总体呈现转型升级趋势（见图 3-1）。西南陆路边境口岸的产业转型升级指数从 2005 年的 1.9065 上升至 2017 年的 2.1314，其后略有下调，2020 年为 2.0646，说明研究期间西南陆路边境口岸的产业结构总体上呈现不断优化升级的趋势。其中的原因是，2005 年以来，特别是 2013 年 "一带一路" 倡议实施以来，西南陆路边

---

① 31 个陆路边境口岸县（市、区）分别为广西的东兴市、靖西市、那坡县、宁明县、龙州县、大新县、凭祥市与防城区；云南的腾冲市、江城哈尼族彝族自治县、孟连傣族拉祜族佤族自治县、镇康县、耿马傣族佤族自治县、沧源佤族自治县、金平苗族瑶族傣族自治县、河口瑶族自治县、麻栗坡县、马关县、富宁县、勐海县、勐腊县、瑞丽市、盈江县、陇川县、泸水市；西藏的定结县、仲巴县、亚东县、吉隆县、聂拉木县、普兰县。

境口岸的对外开放水平显著提升,推动产业转型升级。2018 年以来西南陆路边境口岸产业转型升级指数略有回调,主要是受世界百年未有之大变局的影响。

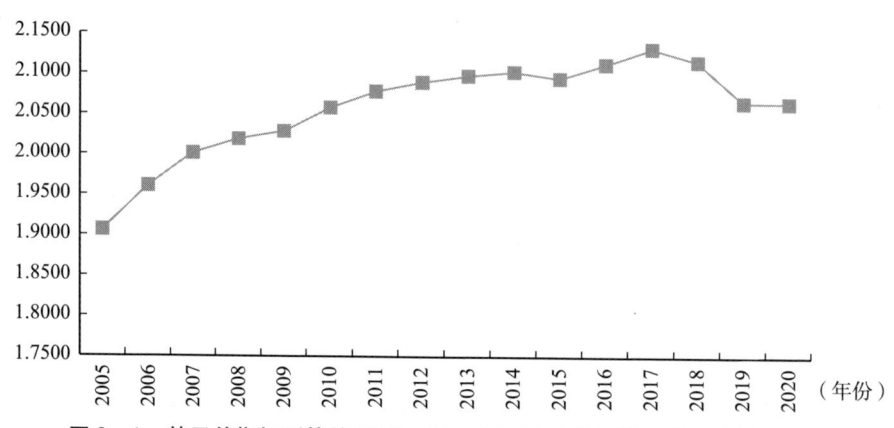

图 3-1　基于单指标测算的 2005~2020 年西南陆路边境口岸产业转型升级

注:西南陆路边境口岸转型升级指数采用各口岸的指数的均值来衡量。

(二)空间视角分析

从具体的口岸来看(见表 3-4),2005 年西南陆路边境口岸产业转型升级指数排名第一的是广西大新,排名最后的是云南勐腊。广西的凭祥和防城排名靠前,分别为第四和第七。云南泸水和麻栗坡排名靠前,分别为第三和第五。西藏排名靠前的是普兰和亚东,分别为第二和第六。2010 年,产业转型升级指数排名第一的是靖西,其产业转型升级指数较高且排名较为稳定;广西排名靠前的还有大新和防城,分别为第四和第六。云南排名靠前的是盈江和马关,分别为第二和第三。2010 年排名最后的是西藏的仲巴。2015 年,产业转型升级指数排名第一的是靖西,最后一名是勐腊。2020 年,产业转型升级指数排名第一的是西藏的吉隆,其以建设精品口岸为抓手,以吉隆镇为中心,带动边贸物流相关产业发展,从而成功吸引 23 家尼泊尔商户及其他区内外企业落户，① 进而带动边贸加工等特色产业发展。2020 年广西排名靠前的是靖西，排名第二，这主要得益于该市创新实施互市商品申报"单一窗口"等，全年互市贸易额达 40 亿元，比上年增长 103%；龙邦口岸产业园完成加工商品货值 2.37 亿元，占其进口总额的 12.7%。② 2020 年云南勐腊排名最后，其排名靠前的是腾冲（排名第五）。西藏的聂拉木和普兰排名相对靠前，分别为第三和第四。总体而言，自共建"一带一路"以来，广西的靖西、凭祥、大新口岸，云南瑞丽、河口等口岸及西藏的吉隆等口岸的产业转型升级比较显著。

表 3-4　　　　　　　　西南陆路边境口岸产业转型升级指数

省份	口岸	2005 年	2010 年	2015 年	2020 年
广西	防城区	1.9897	2.2101	2.2194	1.9010
	东兴市	1.9426	2.1877	2.2432	1.8888
	那坡县	1.7489	1.8049	1.9302	1.8891
	靖西市	1.8463	2.5126	2.5278	2.3054
	宁明县	1.8409	1.9892	2.1577	1.9646
	龙州县	1.8816	2.0013	2.1496	1.8875
	大新县	2.0988	2.2288	2.2417	2.0622
	凭祥市	2.0112	2.1238	2.2007	2.1528
云南	腾冲市	1.9096	2.0769	2.1376	2.2076
	江城哈尼族彝族自治县	1.8130	2.1740	2.0160	1.9504
	孟连傣族拉祜族佤族自治县	1.8349	1.8450	1.8033	1.7888
	镇康县	1.9519	2.1244	2.0760	2.0187
	耿马傣族佤族自治县	1.8072	1.8247	1.9284	1.8861
	沧源佤族自治县	1.8723	2.0274	2.0825	1.9618

① 张斌. 吉隆县边贸物流产业提档升级 [N]. 西藏日报（汉），2019-12-02.
② 广西百色靖西市人民政府. 2021 年靖西市政府工作报告 [R]. 2022.

续表

省份	口岸	2005年	2010年	2015年	2020年
云南	金平苗族瑶族傣族自治县	1.9551	2.2213	2.2083	2.1495
	河口瑶族自治县	1.9425	1.9396	1.9739	2.1664
	麻栗坡县	2.0023	2.1807	2.1775	2.1627
	马关县	1.9562	2.2326	2.1640	2.1224
	富宁县	1.9715	2.0962	2.0734	2.0785
	勐海县	1.8885	2.1561	2.0713	2.0354
	勐腊县	1.6899	1.8016	1.7294	1.7707
	瑞丽市	1.9232	2.0043	2.0635	2.0670
	盈江县	1.9199	2.2332	2.0835	1.9967
	陇川县	1.7666	1.8895	1.8211	1.8762
	泸水市	2.0554	2.2067	2.1906	2.1862
西藏	定结县	1.8676	1.9273	2.1084	2.1730
	仲巴县	1.7466	1.7516	1.9222	2.1384
	亚东县	1.9929	2.0834	2.2538	2.1947
	吉隆县	1.8615	2.0361	2.2851	2.4310
	聂拉木县	1.9559	1.9933	1.9997	2.2974
	普兰县	2.0564	1.9065	2.0874	2.2928

（三）比较视角分析

比较2005~2020年西南陆路边境口岸与西南其他市的产业转型升级指数发现，西南陆路边境口岸的产业转型升级指数一直低于其他市，其中2020年两者产业转型升级指数分别为2.17、2.23，说明西南陆路边境口岸的对外开放没有充分带动产业转型升级（见图3-2）。但自"一带一路"倡议实施之后，二者的差距逐渐缩小，具体从2013年的0.1032缩小到2020年的0.0580，缩小了43.80%，说明"一带一路"倡议实施有利于推动西南陆路边境口岸产业转型升级。

第三章 | 西南陆路边境口岸产业转型升级的现状与问题分析

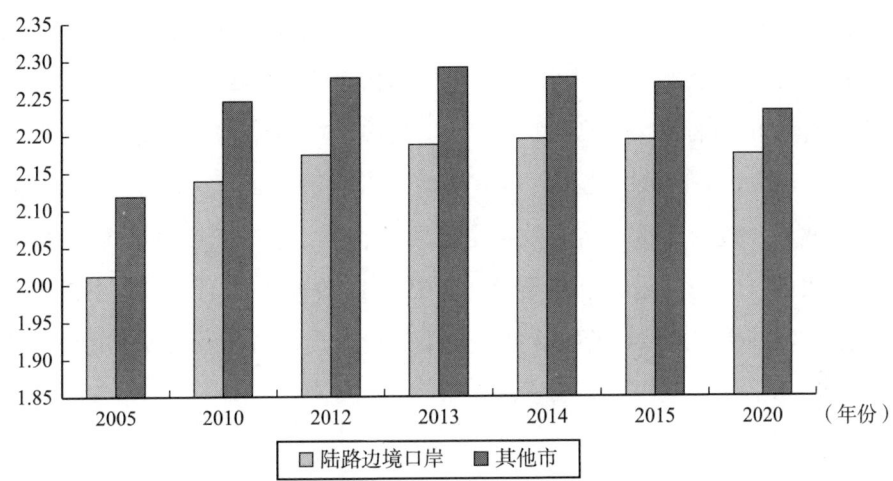

图 3-2 2005~2020 年西南陆路边境口岸与非陆路边境口岸产业转型升级指数比较

注：陆路边境口岸与其他市的产业转型升级指数分别根据广西、云南、西藏陆路边境口岸与其他市的产业转型升级指数求均值而得。

第三节 西南陆路边境口岸产业转型升级存在的问题

本节采用障碍度模型，对影响西南陆路边境口岸产业转型升级的因素进行诊断分析，厘清问题所在。

一、研究方法

（一）产业转型升级综合指标的测算

1. 综合指标体系构建

采用障碍度模型分析西南陆路边境口岸产业转型升级需要先采用综合指

标来测算其转型升级指数。本节借鉴刘淑茹和魏晓晓（2019）的研究方法，从产值结构、就业结构、结构效益三个方面构建西南陆路边境口岸产业转型升级综合评价指标体系（见表3-5）。其中，产值结构是指第一、第二、第三产业产值占总产值的比重，就业结构是指第一、第二、第三产业就业人数占总就业人数的比重，结构效益是指第一、第二、第三产业结构偏离度。需要说明的是，与刘淑茹和魏晓晓（2019）的研究不同的是，本书结合西南陆路边境口岸产业结构的特殊性，把第三产业产值占比及其就业占比设为负向。

表3-5　　　　西南陆路边境口岸产业转型升级综合评价指标体系

目标层	一级指标	二级指标	指标类型	指标权重
产业转型升级指数	产值结构	第一产业产值占比（$I1$）	负向	0.0792
		第二产业产值占比（$I2$）	正向	0.1089
		第三产业产值占比（$I3$）	负向	0.0751
	就业结构	第一产业就业占比（$E1$）	负向	0.1785
		第二产业就业占比（$E2$）	正向	0.1931
		第三产业就业占比（$E3$）	负向	0.2320
	结构效益	第一产业结构偏离度（$C1$）	负向	0.0914
		第二产业结构偏离度（$C2$）	负向	0.0089
		第三产业结构偏离度（$C3$）	负向	0.0330

注：指标设计参考了刘淑茹，魏晓晓. 新时代新型城镇化与产业结构协调发展测度[J]. 湖南社会科学，2019（1）：88-94.

2. 基于熵值法确定指标权重

目前对于指标评价方法主要包括主观赋权法和客观赋权法，本节采用客观赋权法中的熵值法对产业转型升级指数进行测算。具体计算过程如下所述。

第一步，确定原始数据为 $\{x_{ij}\}$，$i=1,\cdots,n$，$j=1,\cdots,m$，n 表示评价对象数量，m 表示指标数量。

第二步，对所有指标进行无量纲处理，即标准化处理。

正向指标（即越大越好的指标）：

$$x'_{ij} = \frac{x_{ij} - x_{\min}}{x_{\max} - x_{\min}} \quad (3-2)$$

负向指标（即越小越好的指标）：

$$x'_{ij} = \frac{x_{\max} - x_{ij}}{x_{\max} - x_{\min}} \quad (3-3)$$

其中，x'_{ij} 为标准化后的指标值；x_{ij} 为转化前的实际指标值；$x_{\max}$、$x_{\min}$ 分别为该指标数据的最大值、最小值。

第三步，计算第 j 指标第 i 样本指标值所占的比重 p_{ij}：

$$p_{ij} = \frac{x'_{ij}}{\sum_{i=1}^{n} x'_{ij}} \quad (3-4)$$

其中 n 为样本个数。

第四步，计算第 j 项指标的熵值及其差异系数：

$$e_j = -\frac{1}{\ln n} \sum_{i=1}^{n} p_{ij} \ln(p_{ij}) \quad 0 \leq e_{ij} \leq 1 \quad (3-5)$$

$$g_j = 1 - e_j \quad (3-6)$$

其中，该差异系数越大，其重要性越高，第 j 项指标的权重越大。

第五步，计算第 j 项指标的权重 w_j：

$$w_j = \frac{g_j}{\sum_{i=1}^{m} g_j}, \quad j = 1,2,3,\cdots,m \quad (3-7)$$

(二) 障碍度模型

为了发现问题、补齐短板，本节在计算产业转型升级指数的基础上，借鉴吕军等（2020）的做法，引入障碍度模型，进一步对西南陆路边境口岸产业转型升级的障碍因子进行诊断分析。障碍度计算公式如下：

$$O_j = \frac{F_j \times I_{ij}}{\sum_{j=1}^{n} w_j \times I_{ij}} \quad (3-8)$$

其中，O_j 为第 j 项指标的障碍度，F_j 为因子贡献度，用各指标权重 w_j 表示；I_{ij} 为第 i 项地区的第 j 项指标的标准化值与理想值 1 的差距，$I_{ij} = 1 - x'_{ij}$，x'_{ij} 为标准化后的指标值，其障碍度数值越大，说明指标对目标障碍越大。

二、数据来源

本节数据主要来源于《中国县域统计年鉴》《中国民族统计年鉴》《广西统计年鉴》《云南统计年鉴》《西藏统计年鉴》等，部分缺失数据用移动中值法进行填补。广西防城区因数据缺失较多，故没有纳入研究样本，只对其余西南陆路边境的 30 个县（市）进行分析。

三、结果分析

本节基于综合评价的结果显示，2013~2020 年西南陆路边境口岸产业转型升级也呈上升态势（见图 3-3）。基于多指标测算的西南陆路边境口岸转型升级指数从 2013 年的 0.1169 上升为 2020 年的 0.1379，说明近年来西南陆路边境口岸的产业结构在不断调整优化，尤其是 2013~2014 年，产业转型升级指数呈现快速上升的趋势。其中的主要原因是，2013 年 9 月提出的"一带一路"倡议为西南陆路边境口岸带来更加广阔的市场空间，大力推动了其产业转型升级。可见，本节基于综合评价得出的西南陆路边境口岸产业转型升级状况与第二节分析的结论基本一致，即"一带一路"倡议实施以来，西南陆路边境口岸产业转型升级呈现良好态势。

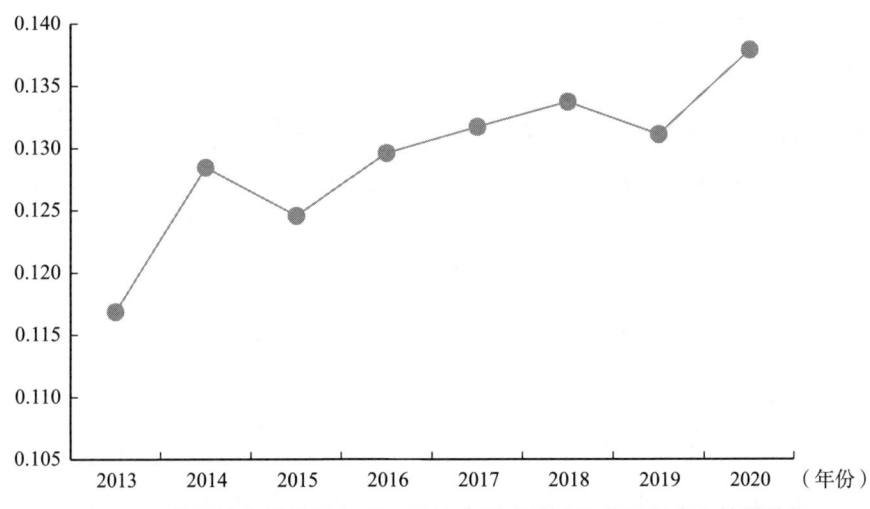

图 3-3　基于综合评价的 2013~2020 年西南陆路边境口岸产业转型升级

注：西南陆路边境口岸转型升级指数采用各口岸转型升级指数的均值衡量。

基于障碍度模型，分别从一级指标层和二级指标层两个方面进行分析。首先，从一级指标层分析（见图 3-4）。2013~2020 年各一级指标层障碍度

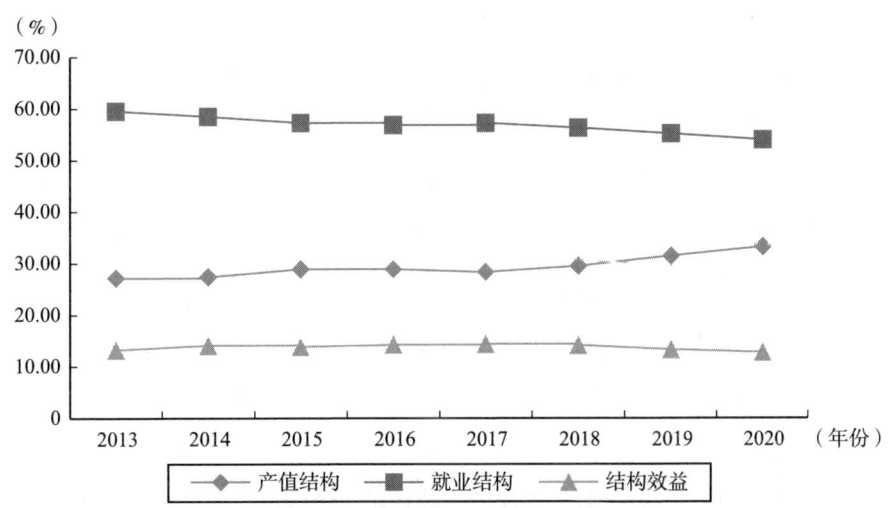

图 3-4　2013~2020 年西南陆路边境口岸转型升级一级指标层障碍度

由高到低依次为就业结构、产值结构和结构效益。自2013年开始就业结构指标层的障碍度一直处于首位，处于50%~60%，但整体呈现平稳下降态势；产值结构指标层的障碍度与前者正相反，障碍度由最初的27.18%缓慢增长到33.22%；结构效益指标层的障碍度则呈现出波动下降趋势，且障碍度最小。由此可以看出，就业结构是影响西南陆路边境口岸产业转型升级最主要的障碍因子。

其次，从二级指标层分析西南陆路边境口岸转型升级的障碍度。根据障碍度评价模型分别计算得出产业结构演进系统各项指标的障碍度。为消除年度波动的影响，本书对各口岸历年的障碍因子取均值并进行排名，结果见表3-6。结果发现，第二产业就业占比（E2）、第一产业就业占比（E1）是影响西南陆路边境口岸产业转型升级的主要障碍因子。其中，有17个陆路边境口岸产业转型升级的第一障碍因子是第二产业就业占比，占分析样本的56.67%；11个陆路边境口岸产业转型升级的第一障碍因子是第一产业就业占比，占分析样本的36.67%。具体而言，影响广西靖西市、那坡县、龙州县、大新县产业转型升级的最大障碍因子是第一产业就业占比过高，其中第一产业就业占比对大新县的障碍度高达33.16%；而影响凭祥市、东兴市产业转型升级最大的障碍因子是第二产业产值占比过低，影响宁明县产业转型升级的最大障碍因子是第二产业就业占比过低。云南有11个边境口岸产业转型升级的最大障碍因子是第二产业就业占比，说明过低的第二产业就业占比是阻碍云南边境口岸产业转型升级的主要因子，其中麻栗坡县第二产业就业占比的障碍度最高，达39.03%。影响西藏边境口岸产业转型升级的主要障碍因子是第二产业就业占比与第一产业就业占比，其中吉隆县、普兰县、定结县产业转型升级最大的障碍因子是第一产业就业占比过高，仲巴县、亚东县、聂拉木县产业转型升级的最大障碍因子是第二产业就业占比过低。可见，西南陆路边境口岸产业转型升级主要障碍因子为第二产业就业占比过低与第一产业就业占比过高。这其中的深层原因都是西南陆路边境口岸的"过货化"问题,导致工业基础薄弱,就业创造能力不足,从而使得第二产业就业占比过低,大量的劳动力挤在第一产业,引发第一产业就业占比过高。

表3-6　2013~2020年西南陆路边境口岸主要障碍因子及其障碍度

地区	1		2		3		4	
	障碍因子	障碍度(%)	障碍因子	障碍度(%)	障碍因子	障碍度(%)	障碍因子	障碍度(%)
东兴市	I2	22.88	E2	21.16	E1	21.09	C1	12.30
靖西市	E1	32.48	C1	26.20	E2	24.19	I2	7.61
那坡县	E1	29.32	E2	25.93	I2	16.91	C1	9.14
宁明县	E2	33.16	E1	25.21	I2	15.21	I1	11.16
龙州县	E1	27.24	E2	24.79	I2	18.23	I1	11.38
大新县	E1	32.91	I2	19.76	C1	16.97	I1	12.15
凭祥市	I2	26.24	C1	24.71	E1	17.73	I3	13.02
腾冲市	E2	29.33	E1	27.43	I2	15.05	C1	13.42
江城哈尼族彝族自治县	E1	32.27	E2	25.44	I2	14.97	C1	11.75
孟连傣族拉祜族佤族自治县	E1	29.15	E2	28.92	I2	16.64	I1	11.30
耿马傣族佤族自治县	E1	30.95	E2	30.61	I2	14.12	I1	11.43
镇康县	E2	32.25	E1	30.66	I2	12.20	C1	11.54
沧源佤族自治县	E2	32.37	E1	30.27	I2	12.82	C1	10.42
金平苗族瑶族傣族自治县	E2	33.87	E1	28.28	C1	12.16	I2	11.94
河口瑶族自治县	E2	37.00	I2	17.86	E1	17.49	C1	10.32
麻栗坡县	E2	39.03	E1	18.71	I2	14.85	C1	10.45
马关县	E2	35.11	E1	26.96	I2	12.66	C1	11.13
富宁县	E2	34.52	E1	21.96	I2	16.90	I1	10.01
勐海县	E2	32.28	E1	27.59	I2	14.58	I1	10.35
勐腊县	E2	32.79	E1	23.32	I2	19.93	I1	13.30
瑞丽市	E2	34.32	I2	22.99	C1	14.30	I3	11.03
盈江县	E2	32.36	E1	25.29	I2	16.42	I1	12.26

续表

地区	1		2		3		4	
	障碍因子	障碍度(%)	障碍因子	障碍度(%)	障碍因子	障碍度(%)	障碍因子	障碍度(%)
陇川县	E2	30.62	E1	24.70	I2	19.72	I1	13.95
泸水市	E1	27.37	E2	26.66	C1	16.22	I2	15.62
仲巴县	E2	31.41	E1	28.80	I2	15.05	I1	9.44
亚东县	E2	29.81	E1	25.86	C1	16.75	I2	15.09
吉隆县	E1	28.45	E2	27.67	C1	19.73	I2	12.09
聂拉木县	E2	26.34	E1	25.84	I2	17.41	C1	15.83
普兰县	E1	28.66	E2	27.05	I2	15.72	C1	14.72
定结县	E1	28.91	E2	25.38	I2	16.23	C1	13.82

注：I1、I2、I3分别表示第一、第二、第三产业产值占比，E1、E2、E3分别表示第一、第二、第三产业就业占比，C1、C2、C3分别表示第一、第二、第三产业结构偏离度。

第四节　本章小结

本章基于三产比重指标和综合指标的测算结果均显示，"一带一路"倡议实施以来，西南陆路边境口岸产业转型升级指数整体处于上升态势，从直观上反映了共建"一带一路"有利于促进西南陆路边境口岸产业转型升级。采用障碍度模型分析发现，西南陆路边境口岸产业转型升级的主要问题是第二产业就业比重过低与第一产业就业比重过高，其中的深层原因是口岸"过货化"问题导致第二产业发展不足。

| 第四章 |

"一带一路"背景下西南陆路边境口岸产业转型升级的实证分析

本章按照逐步逼近现实的思路，首先，验证西南陆路边境口岸产业转型升级三个效应；其次，采用计量分析与跨案例分析相结合的方法，厘清"一带一路"倡议对其转型升级的影响；最后，考虑到与"一带一路"倡议相互补充的《区域全面经济伙伴关系协定》（Regional Comprehensive Economic Partnership，RCEP）于2022年正式生效，故研究其对西南陆路边境口岸产业转型升级的影响。

第一节　西南陆路边境口岸产业转型升级的
效应分解（一）：不考虑东部因素

一、模型设定与变量选择

（一）模型设定

本节先暂不考虑承接东部产业转移，分析西南陆路边境口岸的空间区位、要素差异化、信息汇集三种效应对其产业转型升级的影响，建立如下模型：

$$\ln IS_{it} = c + \alpha_1 \ln P_{it} + \alpha_2 W_{it} + \alpha_3 W_{it}^2 + \alpha_4 \ln I_{it}$$
$$+ \alpha_5 IE_{it} + \alpha_6 IE_{it} \times dumt + \varepsilon_{it} \qquad (4-1)$$

其中，IS 为产业转型升级指数；P 为空间区位；W 为要素差异；W^2 为要素差异的平方；I 为信息要素；IE 为对外开放程度；$dumt$ 代表时间虚拟变量；$IE_{it} \times dumt$ 为对外开放程度与时间虚拟变量的交互项。c 表示常数项，ε 为随机扰动项，i 表示具体口岸，t 表示时间，ln 表示对变量取自然对数。

（二）变量选择

1. 被解释变量

产业转型升级指数（IS）：采用第三章第二节的三次产业综合指数进行衡量，分别给第一、第二、第三产业占比赋值1、3、2的权重，其结果越小表明产业层次越低，其结果越大表明产业层次越高。

2. 相关解释变量

（1）空间区位（P）：为了明确西南陆路边境口岸的空间区位效应对产业转型升级的影响，本节选用口岸数量来衡量其空间区位效应，拥有口岸越多，则表明该地区与国内外市场的连接作用越强，交通越便利，运输成本越低，从而对产业转型升级的促进作用就越强。

（2）要素差异（W）：西南陆路边境口岸利用其两侧的要素差异，可以降低生产成本，吸引产业转移，从而促进产业转型升级。本书用口岸的平均工资除以其相邻国家的平均工资来衡量要素差异，该值越大表示要素差异越大。

（3）信息要素（I）：西南陆路边境口岸因拥有多重政策优惠等，人员、货物等来往频繁，所以具有信息汇集的优势，从而促进产业转型升级。本书利用人均邮政业务量（元/人）来衡量口岸的信息要素汇集效应。

（4）时间虚拟变量（$dumt$）：2005~2018年取0，2019年取1，其中的原因是2019年世界逆全球化趋势显著上升。

（5）对外开放程度（IE）：本节采用进出口总额占口岸生产总值的比重来衡量其对外开放程度。

二、数据来源与样本统计分析

由于县级数据存在不足，本节选用西南陆路边境有陆路边境口岸的11个地级市（因数据缺失西藏除外），[①] 对2005~2019年的面板数据进行检验。相关数据来源于《国际统计年鉴》《中国口岸年鉴》《广西统计年鉴》《云南统计年鉴》等，部分缺失数据用插值法补齐。相关样本描述性统计见表4-1。

[①] 11个口岸地级市为：百色、崇左、防城港、保山、普洱、临沧、红河、文山、西双版纳、德宏、怒江。

表4-1　　　　　　　　　　样本描述性统计

变量名称	样本容量	均值	标准差	最小值	最大值
产业转型升级指数（$\ln IS$）	165	0.760	0.070	0.627	0.909
空间区位（$\ln P$）	165	0.761	0.550	0.000	1.946
要素差异（W）	165	5.220	1.998	2.067	10.942
要素差异的平方（W^2）	165	31.221	22.308	4.274	119.733
信息要素（$\ln I$）	165	3.606	1.066	-0.577	5.839
对外开放程度（IE）	165	0.274	0.410	0.004	2.490

三、实证结果分析

本节先进行随机效应模型回归，然后进行豪斯曼检验，其 P 值为 0.227，表明应选择随机效应模型。具体回归结果见表 4-2。

表4-2　　　　　　　　　　回归结果

变量名称	系数	标准差	z 统计量	P 值
$\ln P$	0.0498***	0.0131	3.80	0.0000
W	-0.0281***	0.0093	-3.03	0.0020
W^2	0.0021***	0.0007	2.86	0.0040
$\ln I$	0.0076**	0.0030	2.51	0.0120
IE	0.0245*	0.0143	1.72	0.0860
$IE \times dumt$	-0.0216*	0.0116	-1.87	0.0620
$cons$	0.7692***	0.0334	23.03	0.0000
P	0.0000			—
$Wald$ 值	48.66			

注：***、**、* 分别表示在 1%、5%、10% 的水平上显著。

由表 4-2 的回归结果可知,空间区位（lnP）在 1% 的置信水平上显著,且系数为 0.0498,说明空间区位效应对西南陆路边境口岸产业转型升级具有正向作用。这是因为西南陆路边境口岸空间区位效应有利于对外联系便利化,降低运输成本,能吸引加工企业入驻,促进产业转型升级。要素差异（W）的一次项系数显著为负,二次项系数显著为正,说明要素差异（W）与西南陆路边境口岸产业转型升级的关系呈现出典型的"U"型关系,即在要素差异较小时,其与口岸产业转型升级呈反方向变动;而在其较高时,与口岸产业转型升级呈同方向变动。这可能是因为在以工资为代表的要素差异程度较小时不利于西南陆路边境口岸产业转型升级,而当差异程度大到一定程度时才有利于其产业转型升级。其中的深层原因是,西南陆路边境口岸利用邻国的要素存在成本,只有差异程度大于跨境利用成本时才适合利用,从而促进口岸产业转型升级。其中的拐点值为 6.60,大部分样本与邻国的要素差异水平超过该拐点。信息汇集效应（lnI）在 5% 的置信水平上显著,系数为 0.0076,即当信息要素每增加 1%,则产业结构转型升级增加 0.76%,说明信息汇集效应对产业转型升级有促进作用。故应充分发挥西南陆路边境口岸的信息汇集效应,促进口岸产业转型升级。对外开放程度（IE）,从整体来看是促进边境口岸产业结构升级。在 2019 年后,逆全球化趋势日益显著,因此对外开放与时间虚拟变量的交叉项（IE × dumt）为负数。

为了检验模型的稳定性,参考王蔚然等（2022）的做法,将对外开放变量（IE）进行缩尾处理,即将小于 1% 分位数的值替换为 1% 的数值,而大于 99% 分位数的值替换为 99% 的数值,再次进行随机效应回归,结果见表 4-3。从该表可以看出,解释变量系数符号和显著性与表 4-2 的回归结果基本一致,表明原来估计结果是稳健的。

表4-3　　　　　　　　　　稳健性检验结果

变量名称	系数	标准差	z统计量	P值
$\ln P$	0.0450***	0.0130	3.47	0.0010
W	-0.0300***	0.0092	-3.26	0.0010
W^2	0.0023***	0.0007	3.09	0.0020
$\ln I$	0.0079***	0.0030	2.61	0.0090
IE	0.0292**	0.0147	1.98	0.0470
$IE \times dumt$	-0.0293*	0.0174	-1.68	0.0930
cons	0.7759***	0.0319	24.36	0.0000
P值	0.0000			
Wald值	50.47			

注：***、**、*分别表示在1%、5%、10%的水平上显著。

综上所述，西南陆路边境口岸的空间区位效应、信息汇集效应对其产业转型升级具有积极作用；而要素差异化效应的影响是非线性的，但对现在大部分口岸而言，是具有促进作用的。因此，西南陆路边境口岸应采取相应的机制来充分发挥这三大效应，促进产业转型升级。

第二节　西南陆路边境口岸产业转型升级的效应分解（二）：考虑东部因素

一、研究思路

面对世界百年未有之大变局，西南陆路边境口岸产业转型升级应融入和服务新发展格局。为此，本节从比较产业集聚的规模效应与拥挤效应角度分析东部产业转移的可能性，在考虑西南陆路边境口岸承接产业转移的基础上，分析西南陆路边境口岸产业转型升级的空间区位、要素差异化、信息汇集三大效应。

二、基于规模效应和拥挤效应的东部产业转移可能性

为了分析我国东部地区制造业集聚的规模效应与拥挤效应，本节对近年来我国制造业区位熵以及全要素生产率进行测算，检验制造业集聚程度对全要素生产率的影响。

（一）全国制造业集聚和东部全要素生产率的测度

本节对我国 31 个省区市（基于数据的可获性，不包括港、澳、台地区）2005~2019 年的制造业集聚水平进行测算，并对东部地区省份的全要素生产率进行测算，研究东部地区制造业集聚对其全要素生产率的影响。

1. 全国制造业集聚的测度

常用的制造业集聚测度指标主要包括空间基尼系数、区位熵、赫芬达尔指数等，本节采用区位熵来测度我国制造业集聚程度。如果某省区市的区位熵指数大于 1，表明制造业集聚趋势明显；如果指数小于 1，表明集聚水平较低，集聚现象不明显。具体测算公式如下：

$$LQ_{it} = \frac{wp_{it}/WP_t}{w_{it}/W_t} \qquad (4-2)$$

其中，i 表示省（区、市），t 表示时间，LQ_{it} 表示区位熵，wp_{it} 表示 i 省（区、市）第 t 年的制造业就业人口，WP_t 表示全国第 t 年的制造业就业人数，w_{it} 表示 i 省（区、市）就业总人口，W_t 表示全国第 t 年的就业总人口。本节用规模以上工业企业平均用工人数表示制造业就业人数。相关数据来源于《中国统计年鉴》《中国工业统计年鉴》以及相应省（区、市）统计年鉴。

测算结果显示，我国总体制造业集聚程度均值从 2005 年的 1.022 下降到 2019 年的 0.824，表明我国区域发展出现协调趋势。从区域来看，我国制造业集聚程度存在明显的地区差异（见图 4-1）。东部地区集聚度总体大于 1，但呈现下降趋势，虽然 2017~2019 年有所回调，但与 2013 年相比还是有下降，说明"一带一路"倡议总体促进了东部产业扩散，有利于区域协调发展。而中部地区的集聚度小于 1，并且在 2005~2007 年呈现出轻微下降趋势，但 2009~2019 年稳步回升，逐渐趋于全国平均水平。西部地区集聚度也小于 1，且趋势较为平稳，2005 年、2019 年的集聚度分别为 0.544、0.526，整体变化不大。可见，我国产业集聚由东到西呈现逐渐下降的趋势，其中东部地区集聚度最高，西部地区集聚度最低。从省域而言，江苏、浙江、上海、广东等东部省份在研究期间制造业集聚程度较高，排名靠前；甘肃、贵州等西部省份制造业集聚程度相对较低，排名也相对靠后。西南边境的广西、云南、西藏三省区虽然制造业集聚度较低，但总体呈现上升态势，其集聚度均值从 2006 年的 0.273 上升至 2013 年的 0.278 及 2019 年的 0.287。

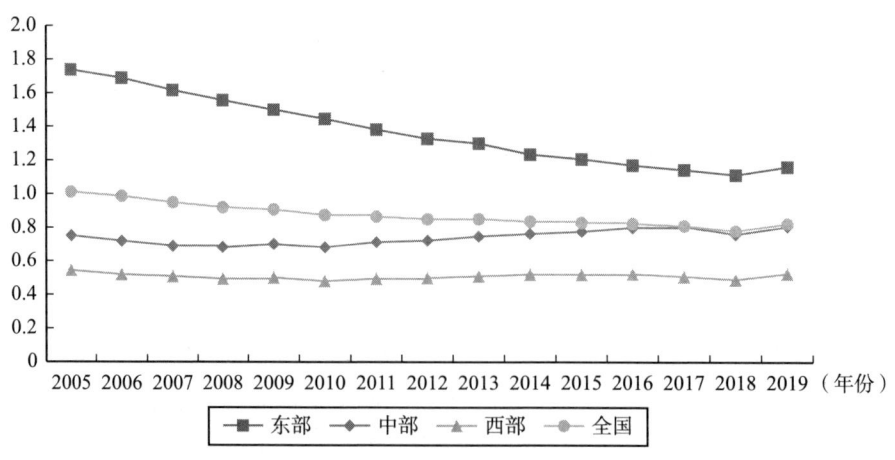

图 4-1　2005~2019 年全国及分区域制造业区位熵

2. 东部制造业全要素生产率测度

根据区位熵的测度结果,东部地区中海南省制造业集聚程度较低,其产业转移的可能性比较小,故在研究东部制造业全要素生产率时不考虑海南省。东部制造业全要素生产率的测算采用近似全要素生产率（ATFP）方法。该方法与索洛剩余法相似,由格里利和迈雷斯（Griliches and Mairesse,1990）在研究企业异质性时提出,其能够有效反映出多种投入要素与产出之间的关系,计算方便而且集合了参数方法的优点,黑德和里斯（Head and Ries,2003）也曾采用该方法。具体测算公式如下：

$$ATFP = \ln Q/L - s\ln K/L \qquad (4-3)$$

为了保证数据的可得性和一致性,其中 Q 为产出变量,用规模以上工业企业销售总产值衡量；K 为资本投入,用固定资产合计衡量；L 为劳动投入,用平均用工人数衡量；s 表示资本的贡献率,其值在 0~1,表示资本的产出弹性,本节参照霍尔和琼斯（Hall and Jones,1999）与李春顶、赵美英（2010）的做法,设定 $s=1/3$。相关数据来源于《中国统计年鉴》《中国工业统计年鉴》等。计算结果见表 4-4。

表 4-4　　　　2005~2019 年东部制造业全要素生产率

省份	2005年	2007年	2009年	2011年	2013年	2015年	2017年	2019年	均值
北京	1.6598	1.3510	1.3030	1.3572	1.5349	1.5858	1.6244	1.6681	1.5105
天津	1.9654	1.7816	1.7605	1.7888	1.9333	1.9020	2.0146	1.5519	1.8373
河北	1.9534	1.7126	1.6517	1.6747	1.7611	1.6085	1.6487	1.5115	1.6902
辽宁	1.6588	1.4039	1.3631	1.5334	1.6287	1.6762	1.3632	1.5289	1.5195
上海	1.9375	1.6563	1.5314	1.6432	1.7385	1.7639	1.8224	1.9720	1.7581
江苏	1.8286	1.4983	1.4202	1.3996	1.5081	1.5187	1.6687	1.8121	1.5818
浙江	1.5585	1.2988	1.2926	1.4353	1.5532	1.5309	1.5675	1.5551	1.4740
福建	1.6630	1.2912	1.2866	1.3527	1.5053	1.5109	1.4889	1.6163	1.4644

续表

省份	2005年	2007年	2009年	2011年	2013年	2015年	2017年	2019年	均值
山东	1.7739	1.5271	1.5020	1.5060	1.5758	1.5540	1.6129	1.5834	1.5794
广东	1.7081	1.4340	1.3930	1.4318	1.5584	1.5707	1.5719	1.6120	1.5350
均值	1.7707	1.4955	1.4504	1.5123	1.6297	1.6221	1.6383	1.6411	1.5950

2005~2019年，我国东部制造业全要素生产率总体呈现出先下降后上升再下降再上升的"W"变动趋势。东部制造业全要素生产率的均值从2005年的1.7707下降到2009年的1.4504，到2013年又稳步上升到1.6297，2015年小幅下降到1.6221，2019年再次上升到1.6411。整体而言，东部制造业全要素生产率除了在2007年有较大幅度的下降之外，变化差距不是很大。从省域而言，河北制造业全要素生产率下降幅度最大，从2005年的1.9534下降到2019年的1.5115，生产效率下降较为明显；相反，上海制造业全要素生产率上升幅度最大，由2005年的1.9375上升到2019年的1.9720，生产效率稳步提升。根据制造业全要素生产率的均值，天津的制造业全要素生产率均值最高，为1.8373；福建的制造业全要素生产率均值最低，为1.4644。

（二）东部制造业集聚对全要素生产率的实证分析

1. 模型构建

制造业集聚的规模效应和拥挤效应并存，其对生产率的影响是"一枚硬币的两面"，因而其最终影响需要实证检验。适度合理的制造业集聚会使生产成本下降，带来规模效应，提升生产率；而制造业过度集聚，会导致资源短缺、生产成本上升，从而产生拥挤效应，降低生产率。因此，制造业集聚对其全要素生产率存在"门槛效应"，故本节采用门槛效应模型（Hansen，1999）进行检验。该模型不仅能确定门槛的存在性，还能够检验内生门槛效应及交叉效应，从而对门槛的个数及大小进行估计。具体模型如下：

$$ATFP_{it} = \alpha_0 + \alpha_1 LQ_{it}(q_{it} \leq r) + \alpha_2 LQ_{it}(q_{it} > r) + \gamma X_{it} + \varepsilon_{it}$$
$$(i = 1, 2, 3, \cdots, m) \tag{4-4}$$

其中，被解释变量为全要素生产率（$ATFP$），解释变量为制造业集聚程度（LQ），X 为控制变量。i 表示地区，t 表示时间，α、γ 为待估计系数，q_{it} 表示门槛变量，r 表示未知门槛值，ε 为随机干扰项。需要补充说明的是，式（4-4）是单一门槛的情况，若存在多个门槛，指示性函数的数量将相应增加。

2. 变量说明

（1）被解释变量。

被解释变量为东部制造业全要素生产率（$ATFP$）。具体采用近似全要素生产率参数方法，测算出 2005~2019 年东部 10 个省份（海南除外）制造业全要素生产率。

（2）解释变量。

解释变量为东部制造业集聚程度（LQ），用东部 10 个省份（海南除外）制造业区位熵来衡量，同时将制造业集聚程度设为门槛变量。

（3）控制变量。

经济发展水平（$AGDP$）：用人均 GDP 来衡量；财政投入（$\ln FI$）：用财政支出占地区生产总值的比重来衡量并对其取对数；研发投入（RI）：用 R&D 经费投入占 GDP 的比重来衡量。

3. 数据来源

本节采用 2005~2019 年我国东部 10 个省份（海南除外）的面板数据来检验制造业集聚对其全要素生产率的影响。数据来源于《中国统计年鉴》《中国工业统计年鉴》《中国科技统计年鉴》以及各省份统计年鉴等，部分缺失数据用插值法补齐。相关变量描述性统计见表 4-5。

表 4-5　　　　　　　　　　变量描述性统计

变量	样本容量	平均值	标准差	最小值	最大值
全要素生产率（$\ln ATFP$）	150	0.449	0.108	0.216	0.700
制造业集聚程度（LQ）	150	1.488	0.517	0.649	3.255
经济发展水平（$AGDP$）	150	64092.45	31453.93	14659	164220
财政投入（$\ln FI$）	150	-1.913	0.281	-2.488	-1.364
研发投入（RI）	150	0.024	0.013	0.006	0.063

4. 实证结果分析

（1）门槛设定。

首先确定门槛个数。本节采用1000次反复抽样模拟计算得到 F 值、P 值及伴随概率，具体结果见表4-6。

表 4-6　　　　　　门槛变量的显著性检验和置信区间

门槛	F 统计量	P 值	10%	5%	1%
单一门槛	14.69	0.050	13.104	14.482	20.254
双重门槛	10.68	0.450	16.923	18.021	20.511
三重门槛	17.54	0.690	40.880	51.860	69.948

由表4-6可知，单一门槛效应的 P 值为0.05，在10%的水平上拒绝不存在门槛的假设，即模型存在单一门槛；而双重门槛和三重门槛效应则不显著。因此，本书认为东部制造业集聚对其全要素生产率的影响存在单一门槛效应，故采用单一门槛效应模型。然后对单一门槛估计值进行估计和检验，确定门槛值及其95%置信区间。表4-7展示了具体结果，其中门槛估计值为1.7948，95%的置信区间为 [1.7110, 1.7971]。

表 4-7　　　　　　　　　门槛估计值及置信区间

门槛	估计值	95%置信区间
单一门槛	1.7948	[1.7110, 1.7971]

图 4-2 为似然比函数图，反映的是单一门槛值及其置信区间的构造。从中可看出该单一门槛值为 1.7948。图中虚线和曲线相交的点即为 LR 值小于 5% 显著性水平的临界值，所构成的区间为门槛估计值的 95% 置信区间。

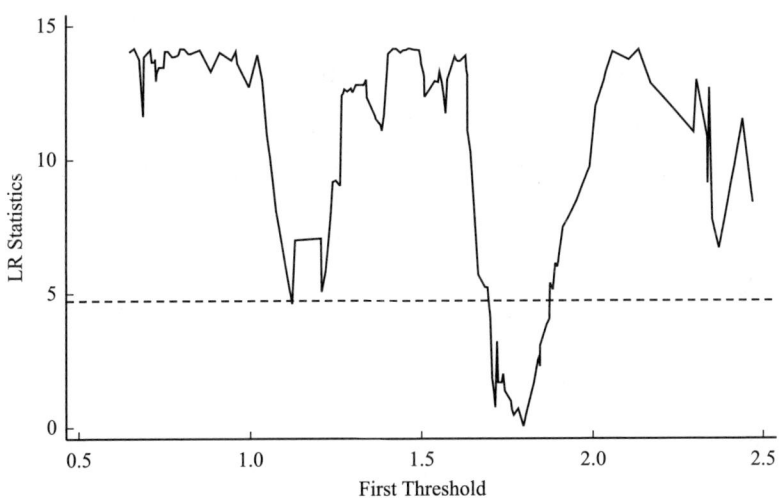

图 4-2　门槛效应检验 LR 函数图

（2）门槛回归结果分析。

根据表 4-8 可知，当制造业集聚程度（LQ）小于等于 1.7948 时，东部制造业集聚对其全要素生产率的影响在 1% 的水平上通过显著性检验，系数为 0.110，说明制造业集聚程度每提高 1%，会使其全要素生产率提高 0.110%。而当东部制造业集聚程度大于 1.7948 时，制造业集聚程度每提升 1%，会使其全要素生产率仅提高 0.066%，下降 0.044%，且在 1% 的水平上显著。这说明东部制造业集聚对其全要素生产率存在门槛效应,即当制造业集聚程度小于等于 1.7948 时,制造业集聚会促进生产效率的提升,规模经济显著;而当制造业集聚程度大于 1.7948 时,制造业存在过度集聚现象,对生产效率的提升效应有所下降,根据张樨樨、曹正旭、徐士元(2021)的研究方法,这说明东部制造业集聚的拥挤效应显现。黎日荣、周政(2017)的研究也发现,制造业高度集聚的城市会造成拥挤效应。东部的天津、上海、江苏、浙江、福建、广东都已经超过门槛值,拥挤效应显现,因而从边际上导致制造业向外转移。其中,上海、天津、广东、浙江早在研究样本的初期就超过了门槛值,而江苏、福建分别在 2008 年、2019 年超过门槛值。控制变量中,经济发展水平($AGDP$)对全要素生产率有正向作用;而财政支出($\ln FI$)对全要素生产率具有负向影响,这可能是由于财政支出存在挤出效应;研发投入(RI)对全要素生产率的生产效果不显著,其中的主要原因是研发投入存在偏差,研发成果在生产中的应用不够充分。

表 4-8　　门槛估计结果

变量	系数	标准差	t 值	P 值
$HED \leqslant 1.7948$	0.110***	0.036	3.07	0.003
$HED > 1.7948$	0.066***	0.029	2.25	0.002
$AGDP$	0.0000019***	0.0000004	4.43	0.000
$\ln FI$	-0.206***	0.061	-3.35	0.001
RI	3.093	3.279	0.94	0.347
cons	-0.282***	0.180	-1.57	0.008
$Prob > F$	0.0000	$F(9, 135)$	19.04	

注:表中 *** 表示在 1% 的水平上显著。

三、考虑产业转移的空间区位、要素差异化、信息汇集三效应

前述分析表明,东部产业存在转移趋势,而相对落后的西南陆路边境口岸是其转移的目的地。为此本节在前文研究影响西南陆路边境口岸产业结构升级三个效应的基础上,添加产业转移指标进行实证分析。基于数据可获性等原因,本书主要考虑广西与云南的陆路边境口岸(本节其他同)。

(一)产业转移的测算

对于承接产业转移的测算方法有很多,本节在借鉴张秀生、黄鲜华(2017)与刘满凤、高梦桃(2020)等测算方法的基础上,将地区工业总产值增长率与当年全国工业总产值增长率的比值作为该地区产业转移的度量变量,若地区工业总产值整体增长率高于全国平均水平(即比值大于1),则为承接产业转移地区;若地区工业总产值整体增长率低于全国平均水平(即比值小于1),则为产业转出地区。结果显示,2005~2019年西南陆路边境口岸工业总产值增长率与当年全国工业总产值增长率的比值之总体均值大部分大于1(见图4-3),表明其基本上处于承接产业转移地位。其中,防城港有14年是承接产业转移,百色和崇左有13年是承接产业转移,保山全部是承接产业转移。结合前述研究,我国东部为产业转出地,而中西部地区主要承接产业转移,因此西南陆路边境口岸承接的产业转移主要来自东部。李伟、贺灿飞(2017)的研究也表明,2004年后我国东部沿海地区劳动力成本上升导致其制造业开始中西部地区迁移。环境规制也是影响东部产业向包括西南陆路边境口岸产业转移的主要因素之一。此外,工信部等部门于2021年出台相关文件,其中明确要提升边境地区相关产业的承接能力,促进

制造业有序转移。①

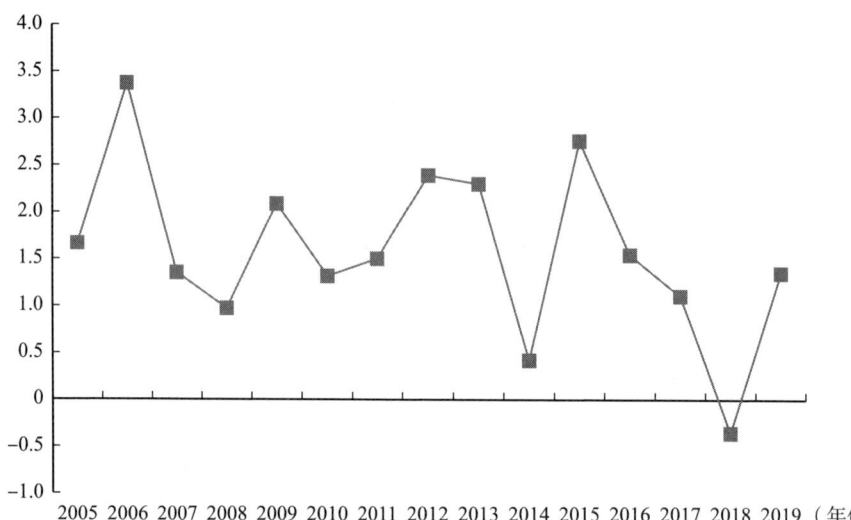

图4-3 2005~2019年西南陆路边境口岸产业转移指标

（二）模型估计

在本章第一节的基础上加入产业转移指标，建立如下模型检验承接产业转移对西南陆路边境口岸产业结构升级的影响：

$$\ln IS_{it} = c + \alpha_1 \ln P_{it} + \alpha_2 W_{it} + \alpha_3 W_{it}^2 + \alpha_4 \ln I_{it} + \alpha_5 IT_{it} + \alpha_6 IE_{it} + \varepsilon_{it}$$

(4-5)

其中，IT为产业转移指数，其余指标与前面一致。

（三）数据来源及变量统计分析

除之前数据外，2005~2019年全国工业总产值数据来源于《中国统计年鉴》；广西、云南沿边工业总产值数据来源于《广西统计年鉴》《云南统计年

---

① 工信部等. 关于促进制造业有序转移的指导意见[R]. 2021.

鉴》。样本描述性统计见表 4-9。

表 4-9　　　　　　　　　　样本描述性统计

变量名称	样本容量	均值	标准差	最小值	最大值
产业结构升级指数（$\ln IS$）	165	0.760	0.070	0.627	0.909
空间区位（$\ln P$）	165	0.761	0.550	0.000	1.946
要素差异（W）	165	5.220	1.998	2.067	10.942
要素差异的平方（W^2）	165	31.221	22.308	4.274	119.733
信息要素（$\ln I$）	165	3.606	1.066	-0.577	5.839
产业转移（IT）	165	1.587	2.451	-11.448	15.308
对外开放程度（IE）	165	0.274	0.410	0.004	2.490

（四）回归结果分析

本节利用 Stata15.0 软件对模型进行实证分析。首先利用随机效应（RE）模型进行豪斯曼检验（Hausman）来确定模型选择，根据最后 P 值结果选择随机效应回归（具体回归结果见表 4-10）。由表 4-10 可知，加入产业转移指标以后，空间区位效应、信息汇集效应同之前一样均对西南陆路边境口岸产业转型升级具有促进作用，要素差异化效应对西南陆路边境口岸存在"U"型影响，拐点值为 6.68，也是大部分样本与邻国的要素差异水平超过该拐点。产业转移（IT）在 1% 的置信水平上显著，且系数为 0.004，说明承接产业转移促进了西南陆路边境口岸产业转型升级。

表 4-10　　　　　　　　　　回归结果

变量名称	系数	标准差	z 统计量	P 值
$\ln P$	0.052***	0.013	4.00	0.000
W	-0.029***	0.009	-3.26	0.001

续表

变量名称	系数	标准差	z 统计量	P 值
W^2	0.002***	0.001	3.06	0.003
$\ln I$	0.008***	0.003	2.65	0.009
IT	0.004***	0.001	4.27	0.000
IE	0.030**	0.013	2.42	0.017
cons	0.761***	0.025	30.61	0.000
Hausman test	$P = 0.516$			
Wald 值	68.52			

注：***、** 分别表示在1%、5%的水平上显著。

为了检验模型的稳定性，本节同样将对外开放变量（IE）进行缩尾处理，具体将小于1%分位数替换为1%的数值，而大于99%分位数替换为99%的数值，再次进行随机效应回归（结果见表4-11）。从表4-11中可以看出，解释变量系数的符号和显著性与表4-10结果基本一致，说明上述估计结果是稳健的。

表4-11　　　　　　　　　　稳健性检验

变量名称	系数	标准差	z 统计量	P 值
$\ln P$	0.042***	0.013	3.38	0.001
W	-0.030***	0.009	-3.35	0.001
W^2	0.002***	0.001	3.13	0.002
$\ln I$	0.008***	0.003	2.76	0.006
IT	0.004***	0.001	3.68	0.000
IE	0.039***	0.014	2.80	0.005
cons	0.768***	0.032	24.19	0.000
P 值	0.000			
Wald 值	68.51			

注：*** 代表1%的显著性水平。

第三节 "一带一路"倡议对西南陆路边境口岸产业转型升级的影响分析（一）：计量检验

一、模型选择

双重差分法（DID）通常用于政策效应的研究，有很多学者运用其对"一带一路"倡议的影响进行研究。结果发现，"一带一路"倡议对云南沿边25个边境县（市）的经济增长与产业结构调整具有促进作用（张必清，2021）；推动了中国赴"一带一路"共建国家旅游人数和消费的增长（黄锐、谢朝武、赖菲菲，2022）；促进了沿线省域的对外直接投资，并且存在地区异质性，其对西部的提升效应大于东部（潘剑平，2022）；对中国对"一带一路"共建国家货物出口规模的增长也具有显著的促进作用（王君仪、曲林迟，2022）；促进沿线远邻国家面向中国高技术产品出口（孟猛、郑昭阳，2022）。本节也利用双重差分法（DID）来检验"一带一路"倡议对西南陆路边境口岸产业转型升级的影响。具体借鉴黄锐等（2022）的方法，把样本研究对象设定为包括广西、云南、西藏在内的西南陆路边境口岸。双重差分法共涉及两项：是否是实验组（数字0表示控制组，数字1表示实验组）和是否在时间项之前（数字0表示实验前，数字1表示实验后）。具体构建如下模型：

$$Y_{it} = \beta_0 + \beta_1 C_i D_t + \sum \beta_j X_{it} + \varepsilon_{it} \quad (4-6)$$

其中，i、t分别表示第i市（$i=1, 2, \cdots, 37$）、第t年（$t=2010, 2011, \cdots, 2020$）。被解释变量是$Y_{it}$，表示产业转型升级指数。考虑到"一带一路"倡议是2013年10月才正式提出，对当年西南陆路边境口岸产业转型升级的影响可能不明显，故将"一带一路"倡议的影响时间确定为 2014 年。C_i 为实验组，即西南陆路边境口岸的虚拟变量，若第 i 市是陆路边境口岸，则 $C_i=1$，否则为 0；D_t 为实验期年度虚拟变量，$t>2013$ 时，$D_t=1$，否则为 0；交互项 C_iD_t 系数 β_1 表示口岸产业转型升级净效应，第 i 口岸 2013 年后即 $t>2013$ 时，$C_iD_t=1$，否则为 0。X_{it} 为控制变量，ε_{it} 为模型随机扰动项。口岸商品流通（取对数）、一般预算支出为控制变量。产业转型升级指数（IS）的衡量参考第三章第二节的做法，计算时取对数。

二、数据来源与样本统计分析

本节的样本空间为西南陆路边境 13 个地级市（地区、州）和 24 个非陆路边境地级市（地区、州）2010~2020 年的面板数据（见表 4-12）。相关数据主要来源于《广西统计年鉴》《云南统计年鉴》《西藏统计年鉴》，部分缺失数据用移动平均法补齐。

表 4-12　　　　　　　　　　研究样本容量

省区	陆路边境地级市（地区、州）	非陆路边境地级市（地区、州）
广西	防城港、崇左、百色	南宁、柳州、来宾、桂林、梧州、贺州、玉林、贵港、钦州、河池、北海
云南	文山、红河、德宏、怒江、西双版纳、普洱、临沧、保山	昆明、曲靖、玉溪、昭通、丽江、楚雄、大理、迪庆
西藏	日喀则、阿里	拉萨、那曲、山南、林芝、昌都

相关变量的描述性统计见表 4-13。其中包括转型升级指数（取对数，lnIS）、商品流通（用分别取对数的货物进出口总额与社会消费品零售总额之和来表示，TSS）、一般预算支出（GBE）。

表 4-13　　　　　　　　　　　样本描述性统计

变量名称	变量个数	均值	标准差	最小值	最大值
转型升级指数（$\ln IS$）	407	0.20	0.06	0.67	0.94
商品流通（TSS）	407	8.22	4.26	-3.05	16.57
一般预算支出（GBE）	407	223.83	155.95	13.42	875.05

根据时间趋势图可知（见图4-4），2010~2013年（"一带一路"倡议实施之前），控制组和实验组的变化趋势基本相同；2014~2020年（"一带一路"倡议实施之后），控制组变化程度大于实验组。因此，可判断控制组与实验组在"一带一路"倡议实施之前的时间趋势满足平行趋势假设，表明双重差分方法适用于研究"一带一路"倡议实施对西南陆路边境口岸产业转型升级的影响。

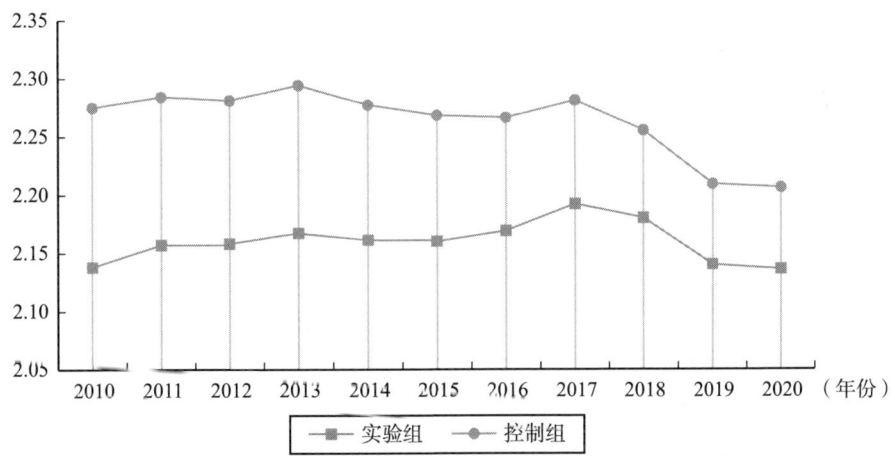

图4-4　2010~2020年"一带一路"倡议对西南陆路边境口岸产业转型升级影响趋势

三、实证结果分析

"一带一路"倡议对西南陆路边境口岸产业转型升级影响的回归结果见表4-14。其中，$C_i \times D_t$ 是核心解释变量。从该表可以看出，核心解释变量

($C_i \times D_t$)的 p 值小于 0.01，模型在 1% 的水平上显著，表明"一带一路"倡议对西南陆路边境口岸产业转型升级具有积极作用。"一带一路"倡议对西南陆路边境口岸产业转型升级的作用具体表现为：一是充分释放西南陆路边境口岸的空间区位效应，扩大市场规模，推动产业转型升级。即西南陆路边境口岸有优越的地理位置，"一带一路"倡议实施扩大了口岸的对外销售市场，为其特色优势制造业产品出口提供更多契机，从而促进产业转型升级。二是更好释放要素差异化效应，降低生产成本，推动产业转型升级。"一带一路"倡议实施有利于口岸利用邻国廉价的生产要素，降低制造业的成本，从而吸引更多的东部企业集聚，使口岸从提供单一物流服务向提供制造业产品转型。三是更好地释放口岸信息汇集效应，学习先进经验，促进产业转型升级。"一带一路"倡议的实施，加强了西南陆路边境口岸与国际的联系，引入国际上先进的管理经验和生产技术，促进口岸产业转型升级；促进西南陆路边境口岸之间相互合作，提升生产技术水平。此外，商品流通（TSS）、一般预算支出（GBE）对西南陆路边境口岸产业转型升级具有消极作用。其中，商品流通（TSS）对当地制造业发展具有一定的挤出效应，表明西南陆路边境口岸存在明显的"过货化"现象；一般预算支出（GBE）可能对社会资本参与制造业投资具有挤出效应。

表 4-14　　　　　　　　　　回归结果

变量	系数	标准差	t 值	P 值
$C_i \times D_t$	0.019***	0.006	3.46	0.001
TSS	-0.0035**	0.00165	-2.12	0.035
GBE	-0.00007***	0.00002	-3.12	0.002
$cons$	0.84***	0.01	77.71	0.00
时间效应	控制			
地区效应	控制			
R^2	0.1273			

注：***、** 分别代表 1%、5% 的显著性水平。

为检验"一带一路"倡议对西南陆路边境口岸产业转型升级的影响分析是否稳健,本书采用改变样本空间的方法,对广西和云南样本进行稳健性检验,得到表4-15的结果。发现稳健性检验结果与前文结果基本保持一致,说明实证结果是稳健的。

表4-15 稳健性检验结果

变量	系数	标准差	t 值	P 值
$C_i \times D_t$	0.016***	0.006	2.71	0.007
是否加控制变量	是			
cons	0.83***	0.013	63.24	0.00
时间效应	控制			
地区效应	控制			
R^2	0.2525			

注:参考余华义、侯玉娟、洪永淼(2021)的做法,只汇报了解释变量。***代表1%的显著性水平。

第四节 "一带一路"倡议对西南陆路边境口岸产业转型升级的影响分析(二):跨案例分析

一、研究方法

产业转型升级是个动态的过程,但其中有很多潜在因素难以把控,因此适合运用案例分析方法进行研究(Yin,2003)。跨案例分析方法是对研究过程及其研究结果进行反复多次验证,并且每个案例都可以进行独立的探索和研究,最终通过跨案例研究进行实证总结,由此得出的研究结论较为稳健、可靠(汪旭晖、陈佳琪,2021)。因此,本节在上节计量分析的基础上,进一步采用跨案例分析方法检验"一带一路"倡议对西南陆路边境口岸产业转型升级的影响。

二、案例选择和资料来源

（一）案例选择

本节选择我国广西的凭祥、东兴、靖西和云南的瑞丽、河口、勐腊及西藏的日喀则作为跨案例分析的研究对象，主要基于以下四点原因：一是逻辑性。七个口岸很大程度地覆盖了西南陆路边境口岸的范围，研究结果对于解释"一带一路"倡议对西南陆路边境口岸产业转型升级的影响具有较强的说服力。二是可行性。上述七个口岸是"一带一路"倡议中的重点区域，媒体对其有较高的关注度，学者们对其研究与探讨的内容也不断增多，为收集相关数据提供了较大便利性。三是可信度。本节选择的七个案例既可以分别开展独立的研究，个案之间也可以进行相互检验，最终得出普遍适用的结论，确保"一带一路"倡议对西南陆路边境口岸产业转型升级影响的分析之真实性与有效性。四是应用性。本节通过对七个口岸案例的分析，得出"一带一路"倡议促进西南陆路边境口岸产业转型升级的结论以及其作用机制，为西南陆路边境其他口岸，乃至我国其他地区的陆路边境口岸产业转型升级提供有益的借鉴。

（二）资料来源

为确保数据及资料的真实性和有效性，本书通过多种渠道进行收集。一是对凭祥、东兴等口岸进行了实地调研，并收集到一手原始数据，具有较强的针对性与直接性。二是口岸所在城市的政府官方网站公布的有关产业转型升级详细信息。三是相关的二手数据，包括学术论文、专业书籍、新闻报道、会议资料等。相关数据资料收集完毕后，本书按照探索性案例的标准筛选资料、归纳概念等，对数据资料进行整理。

三、案例简单描述

（一）凭祥

凭祥西面与南面均与越南谅山省接壤，拥有友谊关、凭祥、平而关三个口岸（见表4-16），以及4个边民互市点（叫隘、浦寨、油隘、弄尧），素有"祖国南大门"之称，是"一带一路"、西部陆海新通道的陆路门户。其中，友谊关口岸距离凭祥市区18千米，距离越南谅山18千米，是我国常年对外开放的国际性口岸，同时也是我国通往越南最大的陆路口岸。凭祥口岸位于凭祥南区，与越南谅山的同登口岸相对应，是广西唯一一个铁路运输口岸。平而关口岸位于凭祥西北端，距凭祥市区23千米，西南面与越南隔河相望，与越南平宜口岸相对应，是凭祥唯一的公路、水路口岸。此外，位于凭祥的中国（广西）自由贸易试验区崇左片区，面积为15平方千米，重点探索边境合作新模式。2021年，凭祥进出口总额为1585.72亿元人民币。[①]

表4-16　　　　　　　　凭祥市口岸情况

县（市）	口岸名称	类别	等级
凭祥市	凭祥口岸	铁路	一类
	友谊关口岸	公路	一类
	平而关口岸	公路、水路	二类

资料来源：笔者根据相关资料整理。

---

① 凭祥市统计局.2021年凭祥市国民经济和社会发展统计公报［EB/OL］.http：//www.pxszf.gov.cn/govinfo/gzbm/pxszjj/zfxxgkml/tjxx/tjgb/t12939482.shtml.

(二) 东兴

东兴东南濒临北部湾,西南与越南交界,拥有一个国家一类陆路边境口岸——东兴口岸。东兴口岸地处东兴市区,与越南的芒街口岸距离不到100米。早在1894年,清政府就设立负责口岸货物进出口事务的东兴洋务局。东兴边民互市贸易区设有与越南相连的浮桥通道,边民互市贸易是主要贸易类型,主要交易农副产品、水产品、五金家电等生活用品。2021年,东兴市边民互市贸易进出口总额为165.6亿元,占全市贸易总额的93.03%;与越南进口贸易额为173.3亿元,占全市贸易总额的97.36%。[①]

(三) 靖西

靖西南面与越南的高平茶岭县和重庆县山水相连,拥有广西三大重点口岸之一的龙邦国家级口岸。龙邦口岸与广西的首府南宁相距约221千米,与越南河内相距约320千米,到越南高平省高平市的距离大约为38千米。2021年,龙邦口岸升格为国际性口岸,构建了"一口岸两通道"(那西通道与旅检通道)的发展格局,是桂西、黔南等地通往越南等东盟国家的便捷陆路通道之一。2021年龙邦口岸每天贸易量仍保有300万元,大约有1.5万边民通过备案并积极参与边境互市贸易,年互市贸易额达到45亿元。[②]

(四) 瑞丽

瑞丽位于云南西部,西北部、西南部和东南部与缅甸接壤,国境线长169.8千米,[③] 拥有瑞丽和畹町两个国家级一类口岸。其中,瑞丽口岸与缅甸

[①] 黄山,李海辉.2021年东兴市进口外贸呈倍增 [N].防城港日报,2022-02-07.
[②] 童政.龙邦口岸成西南边陲新通道 [N].经济日报,2021-08-31.
[③] 瑞丽简介 [EB/OL].瑞丽市人民政府网站,https://www.rl.gov.cn/Web/_F0_0_53SGDOFMD3ABA6C7EFCA445DB0.htm.

第四章 "一带一路"背景下西南陆路边境口岸产业转型升级的实证分析

木姐口岸相对应,是中缅铁路通道、中缅公路通道和中缅陆水联运大通道的重要口岸,也是我国目前唯一一个实行"境内关外"特殊管理模式的口岸。畹町公路口岸与缅甸的九谷口岸对接,出境可直达缅甸中部。2019 年、2020年瑞丽口岸进出口贸易额分别为 854.13 亿元、688.49 亿元。[①] 可见,瑞丽是中缅印度洋新通道的枢纽,也是连接"一带一路"、孟中印缅经济走廊的重要节点。

(五) 河口

河口是昆(明)—河(内)—海(防)经济走廊的重要节点,与越南老街省隔南溪河、红河相邻,具有"县城即口岸,口岸即县城"的特点。[②] 其拥有南溪河铁路口岸、中越红河公路口岸 2 个国家级口岸、3 个省级边境通道;还拥有中国(云南)自由贸易试验区红河片区等开发开放平台,是中越经济走廊的重要节点,是面向南亚东南亚的前沿门户。2021 年,河口新增企业 843家,引进省外到位资金和实际利用外资分别为 56.69 亿元、1113.39 万美元。[③]

(六) 勐腊

勐腊与老挝接壤,与缅甸隔澜沧江相望。其南端的磨憨公路口岸与老挝磨丁口岸相对应,是中老两国互联互通的最大公路口岸。中老磨憨—磨丁经济合作区中方规划面积 4.83 平方千米,老方规划面积 16.4 平方千米,是我国与毗邻国家共同建立的第二个跨境经济合作区,计划到 2025 年建设成为中国与东盟深化合作的先行区。2020 年,全县跨境人民币结算规模达 14.07 亿元。[④]

---

① 瑞丽市人民政府. 瑞丽市工业和商务科技局 2017~2021 年工作总结 [EB/OL]. http://www.rl.gov.cn/gxj/Web/_F0_0_4SSNCPG811F71FD761734C96BE.htm.
② 邓瑞. 随势应变 聚势赋能 强势破题 [N]. 云南日报, 2021-03-19.
③ 河口瑶族自治县人民政府. 河口县 2021 年政府工作报告 [EB/OL]. http://www.hk.hh.gov.cn/zfxxgk/fdzdgkzfxx/zfgzbg_16417/202205/t20220526_586081.html.
④ 勐腊县人民政府. 2021 年勐腊县人民政府工作报告 [EB/OL]. https://www.ynml.gov.cn/jyj/5302.news.detail.dhtml?news_id=1231437.

(七) 日喀则

日喀则位于我国西南边陲，与尼泊尔、不丹、印度等国接壤，国境线长达 1753 千米，面积约 17.924 万平方千米，① 是西藏第二大城市，世界第一高峰——珠穆朗玛峰坐落于境内。目前日喀则辖区内拥有 6 个陆路边境口岸，其中以樟木、吉隆口岸为主，以日屋口岸、陈塘口岸、里孜口岸及亚东边贸通道为辅，是我国通往尼泊尔与印度、面向南亚的重要枢纽。② 2021 年，该市口岸及边民互市点进出口总额达到 23 亿元。③

四、跨案例实证分析

(一) "一带一路"倡议对西南陆路边境口岸三效应的影响

1. "一带一路"倡议对西南陆路边境口岸空间区位效应的影响

基础设施互联互通是"一带一路"倡议建设的重要内容之一，具体包括完善口岸基础设施、提升口岸通关便利化水平、开通新班列等，因此"一带一路"倡议实施后，西南陆路边境口岸的空间区位优势被进一步强化，实现了由"后卫"变"前锋"的角色转换，成为国际贸易大通道的关键节点，空间区位效应进一步释放。

一是完善口岸基础设施。南凭（南宁—凭祥）高速铁路已于 2018 年

---

① 日喀则概况 [EB/OL]. 日喀则市人民政府网站，http：//www.rikaze.gov.cn/channel/10931/index.html.
② 伊佳. 日喀则市迈向广阔开放之路 [N]. 国际商报，2019 - 07 - 15.
③ 日喀则市人民政府. 2021 年日喀则市政府工作报告 [EB/OL]. http：//www.rikaze.gov.cn/content/2022/231846.html.

第四章 ｜ "一带一路"背景下西南陆路边境口岸产业转型升级的实证分析

正式开工建设，建成后凭祥将融入南宁1小时经济圈。仅2021年凭祥就投资15亿元用于重点建设41项口岸基础设施，其中包括建设凭祥冷链物流仓储、完善友谊关货运通道等项目，全面提升口岸、互市点的基础设施水平，①口岸通车能力从之前的日均500辆次升至日均1500辆次。防城港至东兴高速铁路正在建设，建成后南宁到东兴的时间将缩短到1个半小时以内。2020年5月主要用于货物通关的东兴北仑河二桥正式投入使用，而原有东兴口岸一桥主要用于人员通关，实现人员与货物分开通关，极大提升了货物的通关效率。"十三五"期间，靖（西）龙（邦）高速公路建成通车，靖西龙邦口岸纳入全国高速公路网。杭（州）瑞（丽）高速公路直通瑞丽口岸，把我国东部沿海城市通过瑞丽到缅甸仰光的时间从海上运输的40多天降至铁路和公路混合运输的6天，从而大幅提升对外开放水平。② 河口口岸的交通等基础设施不断完善，其中2019年9月开通到昆明的动车，使得两地之间最快运行时间缩短为3小时10分，比普速列车缩短2.5小时，拉近了口岸与内地的时空距离。③ 2020年1月，河口南溪河口岸联检设施提升改造工程正式启动，进一步提高了河口对外联系水平。2021年底，中老铁路正式开通，磨憨口岸成为其中的枢纽。磨憨口岸联检楼、口岸查验货场、保税仓库、国际物流监管场所、国际商贸物流园危化品查验货场等陆续投入使用，综合功能不断拓展。2014年，日喀则连接拉萨的铁路正式通车，拉日高速公路也正在建设当中，为构建面向南亚开放的重要通道提供有力支撑。2017年开通的直通上海航线，对加强日喀则与东部沿海地区的合作交流具有重要意义。

二是提升口岸通关的便利化水平。凭祥对边境口岸的通关信息系统进行

---

① 黄聪. 凭祥加快推进口岸基础设施建设[N]. 左江日报，2021-03-03.
② 郭丽等. 融入"一带一路"德宏州构建开放新格局[EB/OL]. https://www.sohu.com/a/332211565_120060808.
③ 刀志楠. 昆明至中越边境河口口岸动车开行 连通自贸试验区[EB/OL]. https://www.chinanews.com.cn/cj/shipin/cns/2019/09-28/news833044.shtm.

优化升级,采用提前验放、提前审结、卡口验放的通关模式,车辆通关时间从以前的大约 2 小时减少到了现在的 10 多分钟,大大提高了车辆出入境的通关效率。① 2018 年 10 月东兴口岸率先完成自助查验通道的升级,完善具有生物特征识别的相关设施,扩大智慧卫生检疫服务系统在口岸的应用范围,提升了通关的效率;② 探索实施"两步申报、汇总征税"的进口申报方式,把系统审结及单证放行缩短至 9 秒。靖西龙邦口岸创新"提前申报"通关管理模式,运输车辆抵达海关监管场所后,无须海关查验的货物即可放行,而以前一般要 2~3 天才可以提货,从而节省了大量的时间成本。瑞丽口岸通过实施联检中心大楼货场与附近货场的联动,每单货物通关时间由原来的 2 小时缩短到 10 分钟左右,大幅降低通关环节的成本。河口—老街口岸对农产品开启快速通关的"绿色通道",农副产品的通关便利化程度大幅度提高。磨憨口岸进出口整体通关时间均快于全国平均水平,日通关量提升 84.2%。③ "十三五"期间,日喀则完成了对仁青岗和涅如等 11 个边贸市场项目的检验,里孜口岸国门及联检大楼和陈塘口岸一站式综合服务中心、日喀则(吉隆)陆路边境口岸型国家物流枢纽正在积极建设,④ 吉隆口岸实现了包含海关、边检、检验检疫在内的"一站式通关"服务。

三是开通新班列。凭祥陆续开通了青岛—凭祥—河内、广州—凭祥—河内等国际班列专线,以及东盟国家经凭祥—苏州—满洲里至欧洲、凭祥—郑州—霍尔果斯至欧洲、凭祥—重庆(成都)—阿拉山口至欧洲等国际物流线路。凭祥的物流线路是我国从越南进口荔枝的主要路线,并且运输成

---

① 罗承品. 凭祥:通关再提速 通道更火热 [EB/OL]. http://www.chongzuo.gov.cn/gdtt/t60854.shtml.
② 广西壮族自治区文化和旅游厅. 防城港边境旅游试验区五大改革取得新突破,看看东兴都有哪些突破通关 [EB/OL]. https://www.sohu.com/a/354812701_99900322.
③ 梁双陆,刘英恒太. "一带一路"与云南边缘增长中心的形成 [J]. 边界与海洋研究,2022(3):84-98.
④ 西藏自治区人民政府新闻办公室. 西藏举行日喀则市"十三五"经济社会发展成就新闻发布会 [EB/OL]. http://www.scio.gov.cn/xwfbh/gssxwfbh/xwfbh/xizang/Document/1695009/1695009.htm.

本不断下降。① 随着中国—东盟多式联运国际班列正式开通运行，河口加快实现与中欧、中亚班列的对接联通，物流体系也逐渐完善，② 对外贸易更加高效、快捷、便利。随着中老铁路通车，磨憨陆续开通了南宁—万象、宝鸡—万象、广州—万象等国际班列。其中，南宁—万象国际货运列车的开通，把广西出口老挝的货运时间从之前海运的15天缩短至3天，批量运能提高50%。现有广州—拉萨至南亚、兰州至南亚的国际集装箱班列经日喀则转运至尼泊尔和印度等南亚国家，③ 其物流枢纽的作用不断凸显，通往南亚的货物运输效率显著提升。

2. "一带一路"倡议对西南陆路边境口岸要素差异化效应的影响

西南陆路边境口岸在"一带一路"倡议"五通"（即政策沟通、设施联通、贸易畅通、资金融通、民心相通）的作用下，跨境的资源、劳动力等要素差异得到更好利用，要素差异化效应进一步增强，从而更好地促进其产业转型升级。

一是释放自然要素差异化效应。医药卫生领域合作是共建"一带一路"倡议的重要内容。凭祥依托从越南、老挝等国进口鸡血藤、土茯苓等中药材便利的优势，成功引进福鑫药业中草药加工等项目。靖西在铝土等矿产开采冶炼方面有较为成熟的技术和施工队伍，而越南铝土矿资源非常丰富，互补性强。据统计，越南全国铝土矿总资源量约58亿吨，其储量排名世界第二，且主要分布在北部高平、谅山。2023年，靖西本地再生铝加工企业开始经龙邦口岸从越南进口再生铝锭，有效缓解当地铝矿不足的制约。瑞丽口岸是矿石、木材、农产品进口的重要口岸，充分利用边境两侧要素差异，从缅甸进

---

① 蒙莉丝，李银昌. 越南荔枝出口中国的物流风险识别及控制 [J]. 对外经贸实务，2020（12）：49-52.
② 河口瑶族自治县人民. 2020年河口瑶族自治县政府工作报告 [EB/OL]. http：//www.hk.hh.gov.cn/zfxxgk/fdzdgkzfxx/zfgzbg_16417/202103/t20210302_502269.html.
③ 杨明洪. 面向南亚开放大通道的理论与实践 [J]. 开发研究，2020（1）：6-13.

口翡翠原料发展翡翠加工等产业，2021年该市进出口加工制造基地的工业总产值就达7.6亿元。① 河口口岸是中越两国间唯一具备各种运输方式的口岸，越南老街有磷灰石、铁矿、铜矿等多种矿产资源且储量丰富，已探明铜矿55.1万吨，稀土金属33.4万吨，金矿35吨。② 而河口具有大规模系统化的电子产业生产基地，双方合作空间巨大。其中，铜及铜合金在电子产业中的运用广泛，具体包括铜线、集成电路、微电子和半导体集成电路等。咖啡是磨憨的传统特色产业之一，而老挝的阿拉比卡咖啡是全世界最好的咖啡之一，双边合作推动磨憨传统特色产业焕发生机。日喀则动植物资源丰富，虫草、贝母、当归等130多种名贵药材尤为珍贵，③ 水泥等建材产业具有一定的基础；而尼泊尔水力资源（见表4-17）及铁、铜等有色金属资源丰富，其中水电蕴藏量达到8300万千瓦，其国土面积占全球陆地面积不足千分之一，但水电蕴藏量占世界水电蕴藏量的2.3%左右，2023年签署的《中华人民共和国和尼泊尔联合声明》就提出加强双边能源合作。

表4-17　　　　　　　　　　尼泊尔水力资源分布　　　　　　　　　单位：兆瓦

流域名称	理论蕴藏量	技术可开发量
马哈喀利河及卡尔纳利河	36180	25100
沙普塔·柯西河	22350	10860
沙普塔·甘达基河	20650	5270
南部	4110	880
合计	83290	42130

资料来源：张希颖，张丽扬，梁慧慧. 中国与尼泊尔水电合作的优势、挑战及对策分析 [J]. 商业经济，2019（12）：81-83.

---

① 云南网. 没有"停工"的瑞丽市工业园区 [EB/OL]. https://society.yunnan.cn/system/2022/06/30/032163591.shtml.
② 吴良士. 越南社会主义共和国矿产资源及其地质特征 [J]. 矿床地质，2009（6）：856-859.
③ 聂拉木县人民政府. 日喀则聂拉木县概况 [EB/OL]. http://www.xizang.gov.cn/rsxz/rwdl/201812/t20181219_33950.html.

二是释放劳动要素差异化效应。与我国西南陆路边境口岸相比,越南、缅甸、老挝、尼泊尔等邻国的劳动力资源比较丰富,用工成本较低。2021年我国西南陆路边境口岸的人均 GDP 为 46692 元,分别是越南、老挝、缅甸、尼泊尔人均 GDP 的 1.93 倍、2.76 倍、5.81 倍、6.17 倍(见图 4-5)。"一带一路"倡议推动了西南陆路边境口岸的跨国劳务合作。2017 年,凭祥境外边民务工管理服务中心正式启动,截至当年年底有 7 万多名越南工人通过该中心到凭祥进行务工。2018 年,凭祥 27 家口岸加工企业共聘用跨境务工人员 16056 人,其中食品工厂、纺织工厂、红木加工厂、其他口岸工厂分别聘用 2160 人、1464 人、6252 人、6180 人,有效缓解了该市劳动力紧张的局面。① 2017 年东兴印发的《加快跨境劳务合作发展实施方案》中提出,要加快推进东兴跨境劳务合作方面的工作,充分利用境外邻国边民劳动力的"红利",为跨境经济合作和产业产能合作提供丰富的劳动力。据崇左市人社局的统计数据显示,全市办理越南籍移民劳工入境手续人次从 2017 年的 8.2 万到 2018 年的 14.4 万再到 2019 年的 14.8 万,呈逐年增长的态势。② 常年在我国瑞丽经商、务工的缅籍人员最高时曾达 10 万人,其中主要是务工人员。③

三是构建利用要素差异化效应的平台。"一带一路"倡议实施以来,我国大力支持沿边发展,为西南陆路边境口岸发展提供了大量的优惠政策,对外开放平台不断增多,为利用邻国的资源、劳动力提供了诸多平台。2016 年中老两国政府在北京签署《中国老挝磨憨—磨丁经济合作区共同发展总体规划(纲要)》,④ 进一步扩大了对外开放水平、优化市场及投资环境、扩大招

---

① 广西崇左凭祥市人民政府.《凭祥市进一步规范跨境劳务合作试点工作的实施意见》文件解读 [EB/OL]. http://www.pxszf.gov.cn/jdhy_1704/zcjd/t1920518.shtml.
② 张鑫,朱春燕. 人类命运共同体思想下跨境劳务合作与劳务移民治理创新研究——以中越边境地区为例 [J]. 管理现代化, 2022 (4): 118-123.
③ 张世均,奉琳. 新冠疫情影响下中缅边境地区跨境劳工问题研究 [J]. 民族学刊, 2022 (4): 37-44.
④ 中华人民共和国商务部. 中老签署磨憨—磨丁经济合作区建设共同总体方案 [EB/OL]. http://www.mofcom.gov.cn/aarticle/ae/ai/201508/20150801097461.html.

商引资范围,推动磨憨经济和社会逐步实现跨越式发展。2019年凭祥的中国(广西)自由贸易试验区崇左片区、河口的中国(云南)自由贸易试验区红河片区、瑞丽的中国(云南)自由贸易试验区德宏片区获得核准批复,是中国第一批在沿边建立的自由贸易试验区,其通过创新跨境劳务、跨境产业等方面的合作,为充分利用西南陆路边境口岸的要素差异化效应提供高水平的平台。2022年广西自由贸易试验区崇左片区实现规模以上工业总产值77.12亿元,同比增长26.29%。① 2020年百色申请的沿边重点开发开放实验区获批,靖西作为先行引领区,发展机遇巨大。2022年日喀则吉隆边境经济合作区获批。

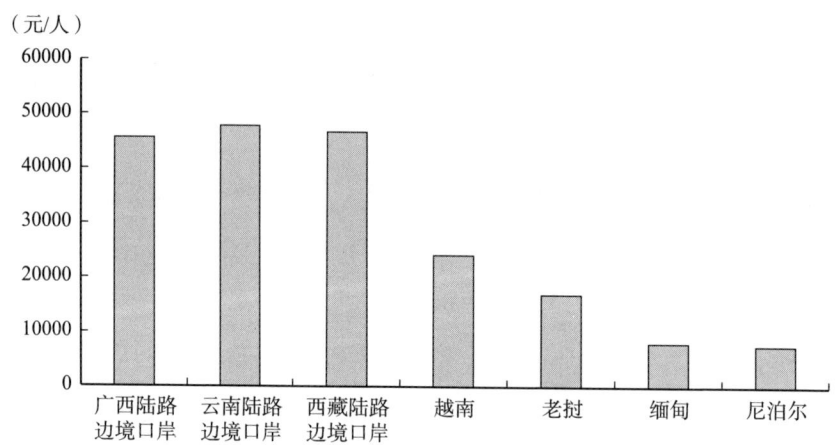

图4-5　2021年西南陆路边境口岸与主要邻国的人均GDP比较

资料来源:桂滇藏相关政府工作报告及世界银行数据库。

3. "一带一路"倡议对西南陆路边境口岸信息汇集效应的影响

西南陆路边境口岸在"一带一路"倡议"五通"的影响下,口岸信息交

---

① 中国(广西)自由贸易试验区设立四周年建设成果新闻发布会[EB/OL]. 中国(广西)自由贸易试验区网站, http://gxftz.gxzf.gov.cn/index.php?case=archive&act=show&aid=3453&page=1.

流平台的辐射更大、信息交流的频率更高、信息利用程度更深,从而提升了其信息汇集效应。

一是信息交流平台影响日益扩大。"一带一路"倡议实施以来,中越(凭祥)商品交易会的规模不断扩大,2023年升级为中国·东盟(凭祥)进出口商品交易会,当年签约合作项目金额超500亿元,信息交流更为广泛。瑞丽为全力推动跨境贸易大发展,已成功举办了18届中国—缅甸边境经济贸易交易会,其规模和影响不断扩大,是中缅经贸合作的重要平台。中越(河口)边境经贸会举行的中越投资推介会,为我国与越南之间的企业合作提供了重要的贸易与投资合作平台。① 西双版纳州(勐腊)通过举办、承办和参加国外的各种商品和技术展洽会,如泰国清迈的"商品展洽会"、中老缅泰四国"文商会"等,促进了相互之间的信息交流,为进一步扩大双方合作提供了良好条件。

二是信息交流频繁。西南陆路边境口岸是人员跨境流动的主要通道,信息交流频繁。2019年凭祥友谊关、东兴、瑞丽、河口的出入境人员分别为256万人次、1229.3万人次、2063万人次、600多万人次。其中,凭祥友谊关口岸2015年出入境人员突破百万人次,仅用3年(到2018年)又突破了200万人次。2022年凭祥友谊关口岸和东兴口岸出入境人员总量跃升至全国同类口岸的前十名,年内共查验出入境货车20.8万辆(次),货运车辆查验总量占全区边境口岸出入境货车查验总量的54.9%,口岸通关实现连续8个月环比增长。② 2023年1月8日口岸管理新政策实施仅一周,凭祥友谊关口岸和东兴口岸出入境旅客量就达到14000多人次。③ 2018年吉隆口岸(日喀

---

① 河口瑶族自治县人民政府. 第二十届中越(河口)边交会举行中越投资推介会暨项目签约仪式 [EB/OL]. http://www.hk.hh.gov.cn/tzhk/tzdt/202012/t20201217_489556.html.
② 谢羲薇,黎想. 崇左:激发现代化南疆国门城市"边"效应 [J]. 当代广西,2023(4):38-39.
③ 周红梅,罗婧. 实施"乙类乙管"首周口岸通关量和贸易实现新突破 [N]. 广西日报,2023-01-17.

则）出入境人员达到 15.5 万人次，同比增长 30%。

三是信息利用程度深化。"一带一路"倡议放大的西南陆路边境口岸信息汇集效应，促进了电商的发展，深化了信息利用程度。凭祥充分发挥其区位优势，借鉴传统边境贸易的经验，依托中国—东盟（凭祥）水果电商供货平台、广西边境贸易综合服务平台、凭祥·江楠农产品智慧交易中心等线上平台，推动跨境电商发展，已带动电商企业、个体户 1300 多家（2020 年初数据），将打造成面向东南亚国家的电子商务货源基地、东南亚水果电商发货聚集地。① 东兴依托"互联网＋边民互市政策"，发展特色跨境电商产业，截至 2020 年初有电商从业者 2586 家。② 瑞丽以植根于东南亚地区的中缅跨境电商产业联盟为平台，以大数据为依托，积极发展珠宝直播和社交电商等新兴产业。③ 河口跨境电商物流产业园（一期）正式投入运行，并成功申报全国电子商务进农村综合示范县。日喀则着力推动电商、物流与产业融合，加快现代商贸物流向农牧区延伸。

（二）"一带一路"倡议对西南陆路边境口岸产业转型升级的影响效果

"一带一路"倡议通过影响西南陆路边境口岸的空间区位效应、要素差异化效应、信息汇集效应，促进其产业结构升级、产业链延伸、产业群集聚。

1. 产业结构升级

2020 年凭祥三诺跨境电子深加工产业示范园一期、良维电子精密型电源线加工项目一期等竣工投产，二期已启动建设，推动电子信息产业园的建设，积极构建独具凭祥特色的新型产业体系。靖西把握"三企入桂"新机遇，依

---

① 莫迪. 凭祥跨境电商发展势头强劲 [EB/OL]. http：//chinadaily. com. cn.
② 广西防城港市人民政府. 东兴市跨境电子商务发展迅速 [EB/OL]. http：//www. fcgs. gov. cn/zxzx/jrfcg/csdt/201611/t20161110_33373. html.
③ 瑞丽国家重点开发开放试验区公共服务窗口平台与政府签约 [EB/OL]. http：chinadaily. com. cn.

托龙邦、岳圩、湖润三大产业园,分别重点引进冰鲜水产品、水果粮食等落地加工企业和电子组装、新能源电池等企业,[①] 打造面向东盟的小商品加工园等,推动口岸产业升级。瑞丽依托北汽云南瑞丽汽车有限公司,引入一批新能源汽车电池等高水平零配件企业,不断拓展周边国家市场,推动新能源汽车产业的发展。[②] 勐腊抢抓RCEP发展新机遇,将整个东盟十国商品纳入边民互市贸易范围,同时以泰国商品为重点,增加水果、海鲜等高附加值商品,发展肉牛加工,推动产业结构升级。

2. 产业链延伸

凭祥依托夏石友谊关工业园区,围绕打造"中国凭祥东盟水果小镇"的目标,充分利用互市贸易进口的水果、坚果、绿豆等农产品大力发展"互市贸易+落地加工"模式,推动特色水果、农产品向高附加值精深加工延伸。东兴依托边境深加工产业园,于2020年签约9家企业,边境互市商品落地加工试点企业发展至33家,提供5600个就业岗位;[③] 着力在金属新材料、生物医药、食品深加工、装备制造等产业方面做优做强,跨境贸易产业链条不断延伸。靖西吸引多家世界500强企业、全国500强企业、龙头企业落户,围绕铝锰精深加工,大力发展信息技术、新能源、新材料等战略性新兴产业。瑞丽以打造"东方珠宝城"为导向,形成了集原料、加工、批发、零售于一体的珠宝玉石产业链。[④] 河口依托跨境经济合作区,引进的云南国信达电子

---

① 杨志雄. 靖西市市长郝玉松:做足"边"文章 打造靖西边境经济合作区[EB/OL]. http://www.gxcounty.com/zhengwu/xyldtfz/20210207/167945.html.
② 昆明市商务局. 云南省促进区域协调发展实施方案印发,明确云南区域协调发展重点[EB/OL]. http://swj.km.gov.cn/c/2020-07-10/3601353.shtml.
③ 广西东兴国家重点开发开放试验区管理委员会. 防城港市深化东兴重点开发开放试验区和跨境经济合作区管理体制机制改革新闻发布会[EB/OL]. http://dxsyq.gxzf.gov.cn/xwzx/xwdt/t7116739.shtml.
④ 宁波. 云南瑞丽打造"东方珠宝城"[EB/OL]. http://www.chinadaily.com.cn/dfpd/yn/2011-05/30/content_12604112_3.htm.

科技、红河雅顺科技等项目并已相继投产，打造电子制造特色产业链。勐腊有橡胶加工企业 23 家，其中田野橡胶进入云南省"百强企业",[①] 积极发展橡胶精深加工，构建天然橡胶全产业链。日喀则不满足于自给自足或简单提供产品的现状，以融入国内大循环新发展格局为导向，依托西藏矿业，形成盐湖提锂深加工，参与产业链上下游电池制造、销售延伸，形成股权交叉的产业链。

3. 产业群集聚

凭祥加快全国性红木产品生产基地和红木进口加工贸易基地建设，打造红木品牌，红木文化创意产业园一期项目已有多家红木加工企业入驻,[②] 形成全国知名的红木产业集群。东兴积极探索沿边开发开放合作体制机制，加快发展六大跨境产业（贸易、旅游、加工、金融、电商、物流），全力打造三百亿级中越边境深加工产业集群。靖西通过加快完善龙邦、岳圩口岸基础设施建设，发展壮大岳圩、那西、孟麻和新兴四个边民互市点，推动冰鲜水产品、水果粮食等农产品和矿产品等进出口加工产业集群发展。瑞丽依托跨境旅游合作，重点发展珠宝、红木两大特色产业集群，跨越沿边地区产业小、散、乱的传统发展阶段，成为我国珠宝玉石集散地之一。河口创新"互市进口商品+落地加工"模式,[③] 积极打造热带林果特色产业集群。并且依托跨境电商物流产业园（一期），构建县乡村"1+6+2"三级电子商务服务体系，打造商贸物流特色产业链条，促进"通道经济"逐步向"口岸经济"转变。日喀则锂电高新产业园依托丰富优质的盐湖锂矿资源，引进盐湖锂矿资

---

① 勐腊县人民政府. 2021 年勐腊县人民政府工作报告 [EB/OL]. https：//www.ynml.gov.cn/jyj/5302.news.detail.dhtml? news_id=1231437.

② 黄燕梅，黄春江，李家进. 凭祥：加速转型升级 推动工业经济提质增效 [N]. 左江日报，2022 - 10 - 08.

③ 河口瑶族自治县人民政府. 河口口岸中越边民互市进口商品落地加工正式启动 [EB/OL]. http：//www.hk.hh.gov.cn/zfxxgk/fdzdgkzfxx/zdlyxxgk/zdjsxmxxgk/202112/t20211230_562675.html.

源开发全产业链项目和周边产业项目,着力培育锂电高新企业和龙头企业,打造盐湖锂电产业集群。

(三)"一带一路"背景下西南陆路边境口岸产业转型升级助推铸牢中华民族共同体意识

铸牢中华民族共同体意识是西南民族地区各项工作的主线。"一带一路"背景下西南陆路边境口岸产业转型升级主要通过增加边境各民族的就业、收入及促进各民族的交流交往交融,助推铸牢中华民族共同体意识。

1. "一带一路"背景下西南陆路边境口岸产业转型升级有利于扩大西南陆路边境各民族就业

靖西易地搬迁配套产业园积极融入国家"一带一路"倡议,主动引进落地加工、新兴产业项目。其中,保诚食品有限公司是靖西老乡家园易地扶贫产业园中的边贸落地加工企业,主要经营肉类、水产、水果(坚果)类深加工,直接为搬迁户提供就业岗位 1200 个。① 凭祥柳班村曾是该市的贫困村,如今摘掉了"贫困帽"。为做好脱贫后续帮扶工作,该村党总支部成立 4 家边贸合作社,家家参与其中,帮助村民实现在家门口就业。② 瑞丽凭借其得天独厚的区位优势已经成为海内外玉石珠宝商聚集地。2020 年瑞丽珠宝翡翠专业市场有 20 多家,从业人员约 17000 名,登记在册的从事珠宝生产经营企业 837 家、个体工商户 7414 户,有 10 多家直播平台,为边民再就业提供了更多的机会。③

---

① 赵福播. 靖西:建易地扶贫产业园 主动融入"一带一路"[EB/OL]. http://www.gx.chinanews.com.cn/gxgd/2020-08-21/detail-ifzzihex5034141.shtml.
② 赵金悦. 广西凭祥:家门口就业 带来稳稳的幸福[EB/OL]. 光明网讯,2022-09-06.
③ 杨雪梅. 瑞丽:以改革开放为动力 推动经济快速发展[EB/OL]. https://www.thepaper.cn/newsDetail_forward_11370769.

2. "一带一路"背景下西南陆路边境口岸产业转型升级有利于增加西南陆路边境各民族收入

"一带一路"背景下西南陆路边境口岸产业转型升级,增加产业附加值,通过集体经济和就业两条途径增加边境各民族收入。凭祥镇通过组织边贸合作社开展边贸加工等,增加边民收入。其中柳班村柳盛合作社、竹山村田盛合作社等截至 2020 年 7 月中旬,累计向边民分红 128 万元。① 瑞丽进一步加大对食品加工以及高档生物制药、保健品等产品的生产与开发,进一步完善产业链,推动产业转型、边贸升级、居民收入稳步增长,人民生活质量不断提升,城乡常住居民人均可支配收入从"十二五"末的 17530 元增加至"十三五"末的 26503 元,年均增长 9.05%。② 勐腊打造"1 + N"产业扶贫新模式,发展"一树一叶"(橡胶树、茶叶)等特色种植及加工产业,使全县 2 万多名贫困人口受益,其中易武乡麻黑村的刮风寨村民小组农民人均年收入 1.7 万元以上。③

3. "一带一路"背景下西南陆路边境口岸产业转型升级有利于深化西南陆路边境各民族交往交流交融

日喀则采取"东部企业 + 日喀则资源"等模式,大力发展农牧等民族特色优势产业,把资源价值转化为经济价值,促进各民族交往交流交融。东兴作为我国人口较少民族——京族唯一聚居地,发挥涉海涉边优势,扶持发展壮大海蜇加工等特色优势产业,培育和打造了一批示范区,推动民族地区开发与交融。靖西依托深圳龙岗—百色靖西龙邦跨境产业合作园区,实施龙头

---

① 苏冬梅,梁连珍. 凭祥镇:多举措多渠道推进就业保民生 [N]. 左江日报,2020 - 07 - 21.
② 瑞丽市委统战部. 德宏瑞丽:以改革开放为动力 推动经济快速发展 [EB/OL]. http://www.swtzb.yn.gov.cn/fgjj/gzdt/202103/t20210301_1045932.html.
③ 李贵芳. 勐腊县"1 + N"模式助推产业扶贫 [EB/OL]. https://www.kunming.cn/news/c/2019 - 02 - 14/12576943.shtml.

企业带动战略，推进产业快速发展，提升边民生活幸福感，实现民族团结一家亲，共同画好脱贫致富和民族团结的同心圆。①

第五节　RCEP 对西南陆路边境口岸产业转型升级的影响

《区域全面经济伙伴关系协定》（RCEP）于 2022 年 1 月正式生效，与"一带一路"倡议相互补充，对作为衔接东南亚、南亚重要枢纽的西南陆路边境口岸产业转型升级的影响深远。

一、"一带一路"倡议与 RCEP 的关系

（一）"一带一路"倡议与 RCEP 存在共同的方面

一是参与共建"一带一路"的国家（地区）与 RCEP 存在相互重叠的区域。具体包括中国、东盟、日本、韩国，西南陆路边境口岸的邻国越南、老挝、缅甸就是两者重叠的区域。二是"一带一路"倡议与 RCEP 均共同致力于促进区域共同繁荣。在全球价值链遭遇"反攀升压制"的背景下，"一带一路"倡议与 RCEP 均强调加强区域经济合作，增强共识、优化合作环境，重构区域价值链，创造共同利益。三是"一带一路"倡议与 RCEP 共同构建区域新秩序。RCEP 在符合所有制中性的条件下，保障不同所有制企业基本能在同一水平上开展竞争，体现了区域竞争新秩序的特征，与"一带一路"倡议中提出要构建法治化营商环境以及良性市场秩序具有异曲同工之妙。由此可见，RCEP 在区域竞争新秩序上的实践能够帮助"一带一路"倡议落到

---

① 韦亦玮．靖西：产业扶贫扶出民族大团结［EB/OL］．http：//epaper.gxmzb.net/content/2019-10/16/content_3072.htm.

实处（荆鸣，2021）。

（二）"一带一路"倡议与 RCEP 存在相互补充的方面

一是机制上的相互补充。"一带一路"倡议是广泛的国际合作框架，是一个开放性质的倡议；而 RCEP 在性质上属于"一带一路"倡议中贸易畅通的范畴，其立足于成员国之间原本的自贸协定，通过具体的制度性协定安排，在约束各成员国的同时也为其提供便利，两种机制相互补充。二是贸易上的相互补充。"一带一路"倡议更注重从基础设施互联互通角度促进贸易发展，而 RCEP 侧重从降低关税壁垒角度来促进贸易发展。RCEP 协议中关于较高水平电子商务和电信合作的内容弥补了数字贸易规则的空缺，深化了多方位战略合作，在一定程度上化解了数字经济带来的风险，对"一带一路"数字贸易体系构建具有借鉴意义。三是投资上的相互补充。RCEP 成员国中包含日本、韩国、澳大利亚、新西兰等经济发展水平较高的发达经济体，其参与可以激活并放大区域贸易的投资红利，通过重叠成员国的外溢效应推动共建"一带一路"，并把"一带一路"产业链延伸到大洋洲（陈慧，2022）。根据 RCEP 协议，我国与日韩等国的投融资合作更便利，可解决共建"一带一路"的资金缺口，分散投资风险；而共建"一带一路"有利于改善 RCEP 的基础设施等投资环境，促进投资合作。

二、RCEP 给西南陆路边境口岸产业转型升级带来的机遇

（一）关税成本下降通过提升西南陆路边境口岸的空间区位效应促进产业转型升级

根据 RCEP 协议附件中"关税承诺表"的规定，协议内各国货物贸易关税减让采用两种承诺模式，即"协定生效立即降为零"和"过渡期降为零"

(10年内降至零关税),使得成员国之间90%以上的货物贸易产品将要在10年内降至零关税。① 同时,RCEP还规定给予缔约方货物国民待遇,并在逐步实施关税自由化的基础上,给予其优惠的市场准入条件,且允许特定货物临时免税入境。因此,西南陆路边境口岸可利用关税成本下降的机遇,增强其空间区位效应,促进产业转型升级。广西崇左南方锰业集团有限责任公司从马来西亚进口锰矿,加工成新能源电池的重要原料——电解二氧化锰,然后销往国内和出口日本。RCEP生效实施后,马来西亚的锰矿关税从3%下降到2.4%,2022年1~4月,该公司从马来西亚进口的锰矿数量同比增长18%,促进了口岸新能源产业发展。② 此外,RCEP不对电子传输征收关税,可大幅降低跨境电商企业在西南陆路边境口岸的供应链各环节的成本。磨憨口岸国际快件监管中心开展跨境电子商务直邮直购、保税备货、B2B直接出口等便企服务,吸引企业落地开展跨境电商、跨境物流等"互联网+边境贸易"新业务。景洪口岸加快推进跨境电商线下产业园区建设,聚集国内外各类市场主体参与跨境电子商务产业发展。可见,RCEP有利于促进西南陆路边境口岸吸引跨境电商业务全模式落地,发展面向RCEP市场的跨境电商出口海外仓业务,在推动传统边贸升级的基础上,带动相关加工制造产业发展。③

(二)原产地"区域累积规则"通过提升西南陆路边境口岸的要素差异化效应促进口岸产业转型升级

RCEP原产地"区域累积规则"扩大了成员国之间可享受的低关税与零关税受惠范围,有利于产业链资源的高效配置(张司晨,2022),增强了西

---

① 刘主光. 新发展格局下RCEP对广西外贸发展的影响及应对策略研究 [J]. 广西社会科学,2022 (1): 82-90.
② 广西桂林市商务局. 抢抓RCEP新机遇 为谁辛苦为谁甜 [EB/OL]. http://swj.guilin.gov.cn/xwdt/202207/t20220712_2305411.html.
③ 西双版纳傣族自治州人民政府. 西双版纳州人民政府关于印发《西双版纳州贯彻落实云南省加快对接RCEP行动计划实施意见》的通知 [EB/OL]. https://www.xsbn.gov.cn/188.news.detail.dhtml?news_id=2852047.

南陆路边境口岸的要素差异化效应，促进口岸产业转型升级。具体而言，西南陆路边境口岸可合理利用 RCEP 累积原产地规则，综合利用来自其他 RCEP 成员的原材料，增强产品的国际竞争力。假设西南陆路边境口岸有 A 公司，其利用国内与越南的中间产品加工 B 产品，然后出口至韩国。进一步假设，按照区域价值成分占 40% 的原产地判断标准，在没有实施累积原产地规则之前，A 公司从越南进口的中间产品价值最多不能超过 60%，否则其原产地将发生改变；在实施累积原产地规则之后，由于我国与越南、韩国同属 RCEP 成员，则 A 公司为生产 B 产品从越南进口的比例就没有限制，因为从越南进口的中间产品被认为是原产于我国的中间产品。因此 RCEP 的累积原产地规则有利于西南陆路边境口岸更好地利用其要素差异化效应，推动产业转型升级。

（三）贸易便利化通过提升西南陆路边境口岸信息汇集效应促进口岸产业转型升级

RCEP 在整合东盟与周边国家"10+1"自贸协定的基础上将继续扩大贸易便利化程度，在海关程序、卫生和植物卫生措施、标准与技术法规及合格评定程序等方面都进行相关改进，增强了贸易便利化程度。如海关程序规定普通货物、易腐货物和快件分别要在 48 小时、6 小时内通关，低于世界贸易组织（WTO）约定的通关时间。在经营者制度中（AEO），将涵盖的企业范围扩大到中小微企业，并更加重视守法企业，为其提供便利化设施。在进出境相关规定中，首次明确为防止因执法不统一给贸易双方带来不必要的利益损害，应确保双方口岸在进出口相关规则方面保持一致性。在海关合作中，RCEP 各成员国通过签署双边行政互助协定，承诺为进一步促进货物畅通流动，加强海关之间的沟通交流与合作。RCEP 的贸易便利化能够增强口岸对外开放程度，带来更大的贸易量，给口岸带来更多的信息资源，促进产业转型升级。此外，RCEP 的核心数字贸易规则同样促进了贸易便利化，该规则重点关注缔约方在数字贸易领域的相关诉求与发展要求,涉及电子商务以及知识产权等多领域内容,以保障数据安全与国家安全为基本前提,进一步推进数字贸易发展。该规则倡导与贸易有关的数据及相应文件应以电子传输形式进行发送,传输内容包含电子签名、电子商务对话、相关文件等内容,以上各方面均体现出RCEP数字贸易规则在多方面促进了贸易便利,有利于提高口岸与外国数字化交流的频率,进一步提升西南陆路边境口岸的信息汇集效应,更好地促进口岸产业转型升级。

三、RCEP给西南陆路边境口岸产业转型升级带来的挑战

（一）西南陆路边境口岸产业转型升级面临产业"越顶转移"的风险

与东盟国家相比,我国西南陆路边境口岸在劳动力、税负、土地成本等方面不占优势。RCEP的实施降低了产业转移的成本,进一步削减区域内投资壁垒,加快了资源整合,可能导致欧美及我国东部地区产业跨过西南陆路边境口岸而直接转移到东盟。2022年前4个月,缅甸吸引外资超过4.07亿美元,其中中国对缅甸投资超过5100万美元,占总投资的13%。据汇丰银行2022年对中、法、德、印、英、美6国有在东南亚发展意向的1500家企业的调查显示,有49%来自RCEP等自贸协定成员国的受访企业（主要为中国、印度和美国的企业）表示,希望能利用好越南参与的各项自贸协定。[①]2022年,鲁泰纺织全资子公司万象纺织在越南西宁省投资建设用于梭织和针织等面料产品的生产基地;[②] 国际大牌代工的华利集团目前在越南也已经建

[①] 中华人民共和国驻越南社会主义共和国大使馆经济商务处. 中国、印度企业对赴越投资兴趣满满 [EB/OL]. http://vn.mofcom.gov.cn/article/jmxw/202206/20220603316179.shtml.
[②] 华利集团（300979.SZ）：运动鞋海外制造基地主要以东南亚为主,公司将拓展海外生产基地 [EB/OL]. https://business.sohu.com/a/761989735_639898.

立了3个生产基地；国内家居成品企业，顾家家居、乐歌股份、敏华控股、永艺股份、美克家居、恒林椅业等都在越南开设了工厂。

（二）西南陆路边境口岸产业转型升级的竞争压力加大

在 RCEP 贸易规则下西南陆路边境口岸劳动密集型产业将面临东盟国家竞争。由于我国与东盟国家产业结构相似，尤其是西南陆路边境口岸与东盟国家的出口产品以及出口市场相似度较高，面临的竞争压力将更大。例如我国与印度尼西亚、越南、老挝在制鞋类和纺织品类产品上存在较大竞争，与马来西亚、印度尼西亚、菲律宾、泰国、越南在食品饮料类及烟草类产品上存在较大竞争。此外，我国与日本的竞争主要集中在机械设备以及交通运输行业，与韩国的竞争主要集中在电子通信行业（王绍媛、冯之晴，2021）。

（三）西南陆路边境口岸产业转型升级面临更高的营商环境要求

RCEP 提出的高标准议题对西南陆路边境口岸营商环境优化和合规性评价提出了更高要求，亟须破除对区外企业设置的隐性门槛，构建全环节公平竞争机制。RCEP 投资规则要求成员国简化投资申请及批准程序，向投资者提供帮助和咨询服务，接受和考虑外商提出的相关投诉，帮助外商和外资企业解决困难，为各国招商引资做出便捷、高效的投资安排。① 与 RCEP 发达成员国相比，西南陆路边境口岸与 RCEP 投资规则接轨方面还存在一些不足，投资审查的效率有待提高；投资审批权限在投资审批负责部门之间没有完全协调统一，导致投资审批过程缺乏规范和效率。

可见，西南陆路边境口岸应充分抓住 RCEP 带来的新机遇，积极应对相关挑战，特别是应充分利用"一带一路"背景下的口岸三大效应，避免产业越顶转移。

---

① 中国自由贸易区服务网.《区域全面经济伙伴关系协定》（RCEP）投资规则释疑 [EB/OL]. http://fta.mofcom.gov.cn/article/rcep/rcepjd/202202/47599_1.html.

第六节 本章小结

本章在检验了西南陆路边境口岸三大效应基础上，采用双重差分方法和跨案例分析方法，证实"一带一路"倡议促进了西南陆路边境口岸产业转型升级。然后结合实际，分析 RCEP 对西南陆路边境口岸产业转型升级的影响。

第五章
"一带一路"背景下西南陆路边境口岸产业转型升级的路径选择

本章基于"一带一路"背景下西南陆路边境口岸的空间区位效应、要素差异化效应、信息汇集效应,提出产业转型升级的三条基本路径——承接转移、逆向延伸、创新插入。首先,基于陆路边境口岸特有的空间区位优势所带来的较低的流通成本,以及陆路边境口岸两侧要素差异所带来的较低的生产成本,即利用口岸的空间区位效应与要素差异化效应分别带来的流通与生产成本优势,承接我国东部的产业转移;其次,针对西南陆路边境口岸外贸依存度较高、存在典型的通道经济现状,基于口岸在信息交流中所具有的独特优势(即信息汇集效应)与通过较低成本实现国内外市场连接的空间区位效应,推动流通业向制造业逆向拓展；最后，基于口岸的独特地理位置所带来的信息汇集优势，结合近年来数字经济蓬勃发展的趋势，利用口岸的信息汇集效应，发展数字经济新兴产业，实现创新插入，推动传统产业转型升级。

第一节　西南陆路边境口岸承接产业转移研究（一）：承接空间选择

一、西南陆路边境口岸承接产业转移的空间选择分析思路

西南陆路边境口岸应以服务和融入新发展格局为导向，积极利用其空间区位效应、要素差异化效应，承接东部产业转移，推动产业转型升级。学者对承接产业转移的作用、存在问题及具体操作进行了深入研究，为西南陆路边境口岸承接产业转移提供有益的借鉴。承接产业转移可以从资本、技术、资源配置等方面促进产业结构升级（雒海潮、苗长虹，2019）。具体表现为承接产业转移有利于加快产业集群的形成，降低生产要素的成本，提高产品的附加价值（周豫，2021）；有利于形成二次创新能力，减少产品创新的成本，学习转入企业的管理规章制度，提高生产效率（欧阳秋珍、雷苏玲、胡政杰，2021）。对广西而言，应充分发挥优惠政策优势，积极吸引粤港澳等发达地区的企业前来投资特色产业（金钢，2014）。对云南而言，承接东部转移产业缺乏大项目、好项目和新项目，而大多是低端技术产业和劳动密集型产业（范玉金、王延亭，2021），为此应根据产业资源禀赋特征和承接条件，选择原材料产业作为未来承接的重点（滕堂伟、胡森林、侯路瑶，2016）。可见，现有针对陆路边境口岸这一特殊区域的产业承接研究并不多见，故本书在"一带一路"倡议背景下，采用社会网络分析方法和产业集聚变化分析

方法，从区域和城市两个层面研究西南陆路边境口岸承接东部产业转移的空间路径。具体分析思路如下。

东部工业化水平较高，土地和劳动等要素供给日益趋紧，产业拥挤效应凸显，从而引发劳动密集型产业与资源密集型产业向中西部地区转移，因此东部是西南陆路边境口岸承接产业转移的主要区域。本节首先以产业梯度转移理论为基础，以粤港澳大湾区、长三角地区[①]为研究对象，分别构建包含广西、云南陆路边境口岸及上述两大区域的城市产业网络，根据产业网络的强度确定西南陆路边境口岸承接的重点区域与中介区域。然后采用产业静态集聚指数及其动态集聚指数，检验粤港澳大湾区、长三角地区产业转移状况，并结合产业网络分析，明确西南陆路边境口岸承接的主要城市（见图5-1）。

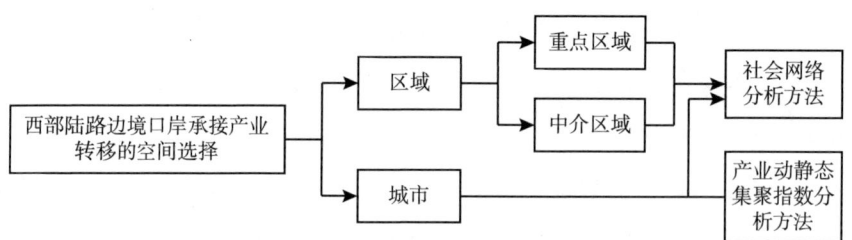

图5-1 西南陆路边境口岸承接产业转移的空间选择分析框架

二、西南陆路边境口岸承接重点区域的选择

本书借鉴格兰诺维特（Granovetter，1974）的社会网络理论，认为产业网络强度越高越有利于承接产业转移。其中的原因是，产业网络强度越高，越有利于增强产业转移与承接之间的信任，缩短产业转移的路径。为此本书

---

① 其中，安徽虽然不属于东部地区，但是其经济发展水平较高，而且与上海、江苏、浙江的联系紧密，国务院批准的《长江三角洲城市群发展规划》也包含安徽的合肥、芜湖、马鞍山、铜陵、安庆、滁州、池州、宣城，故本书也将安徽上述城市包括进来。

构建西南陆路边境口岸分别与粤港澳大湾区、长三角地区的产业网络，然后采用产业网络密度、中心性等强度指标确定其承接产业转移的重点来源区域。虽然根据西南陆路边境口岸产业转型升级的目标，其应重点承接制造业等第二产业，但是也离不开其他产业的支持，故本书综合考虑西南陆路边境口岸与粤港澳大湾区、长三角地区的多维产业网络强度来确定其承接的重点区域。

（一）产业网络模型的构建

社会学理论认为，社会群体不是简单地由个体构成的，而是由个体之间的网络构成的（斯科特，2007）。基于社会学理论的社会网络分析法主要对网络中整体及个体之间的相互作用进行量化分析，构建了宏观和微观之间的分析桥梁，因而在经济分析中具有广泛的应用。其中，国内外学者广泛采用社会网络分析法分析区域间的经济联系。王娜等（2015）利用2002年与2007年西北五省区的投入—产出表构建产业关联网络，结果发现劳动或资源密集型产业为网络结构的中心。张明斗等（2022）基于东北三省34个地级及以上城市2009~2018年的产业联系网络，发现东北产业以沈阳、大连、长春、哈尔滨为中心，向周边城市梯度扩散。林春艳（2016）基于1998~2013年的数据，采用社会网络分析方法，发现我国产业结构高度化的空间关联逐年强化。贺远琼（2022）分析湖北省42个产业之间的空间结构时发现，冶金化工与机械制造业占主体地位，但随着金融业和房地产业迅速发展，经济服务化开始显现。

为了构建产业网络模型，首先需要利用引力模型测算出产业联系强度矩阵。哲夫（Tetsuo，1942）是首次利用万有引力定律分析城市间空间关联的学者，为城市间空间关联结构分析奠定了基础。塔费（Tafee，1962）采用人口和距离两个指标来衡量城市之间的经济联系，发现城市人口流动性对城市之间的关联有积极作用，而城市间距离对城市间的交流与合作具有阻碍作用，即距离越远其关联的可能性越小。在国内，王德忠、庄仁兴（1996）首次利用引力模型研究上海、苏州、无锡与常州之间的经济关联。城市间产业关联的引力模型如式（5-1）所示。

$$R_{ab} = \frac{\sqrt{P_a V_a} \times \sqrt{P_b V_b}}{D_{ab}^2} \quad (5-1)$$

其中，a 与 b 分别为不同城市，R_{ab} 为两个城市之间的经济联系，P 与 V 分别为城市的人口与生产总值，D_{ab} 为两个城市之间的距离。本节测度城市间产业关联的指标，主要根据感应度系数、影响力系数、产业内部联系强度系数、产业空间联系强度系数和城市间距离等因素来构建。

1. 感应度系数和影响力系数

感应度系数（reaction coefficient）反映的是某一产业对其他产业每变化一单位最终使用时的需求感应程度，即需要该产业为其他产业所作出的产量变化。① 其具体测算采用投入产出法，如式（5-2）所示。

$$M_i = \frac{1}{k}\sum_{j=1}^{k} X_{ij} \Big/ \frac{1}{k^2}\sum_{i=1}^{k}\sum_{j=1}^{k} X_{ij} \quad (i, j = 1, 2, 3, \cdots, k) \quad (5-2)$$

其中，M_i 为 i 产业受其他产业影响的感应度系数，其值越大表明该产业对其他产业发展需求感应越敏感。其中，当感应度系数大于1，表示该产业的感应度超过全部的平均水平；反之亦然。X_{ij} 是里昂惕夫逆矩阵（其中系数为完全需求系数）中第 i 行第 j 列的系数。

影响力系数（influence coefficient）主要表示某一个产业对其他产业的影响程度，具体采用式（5-3）进行计算。

$$N_i = \frac{1}{k}\sum_{i=1}^{k} X_{ij} \Big/ \frac{1}{k^2}\sum_{j=1}^{k}\sum_{i=1}^{k} X_{ij} \quad (i, j = 1, 2, 3, \cdots, k) \quad (5-3)$$

其中，N_i 为第 i 产业其他产业的影响系数，该值越大说明该产业对其他产业

---

① 吴召山，陈晓英，章依凌，余传青. 生产性服务业与我国服装制造业的产业关联分析 [J]. 现代丝绸科学与技术，2011（6）：211-215.

的影响越强。其中，当影响力系数大于1，表示该产业的影响力超过全部产业影响力的平均水平；反之亦然。X_{ij}是里昂惕夫逆矩阵（其中系数为完全需求系数）中第i行第j列的系数。

根据式（5-2）、式（5-3）及2017年《中国投入产出表》[①]，可测算出我国各行业感应度系数和影响力系数（见表5-1）。

表5-1　　　　各行业感应度系数和影响力系数

产业	感应度系数	影响力系数
农林牧渔业	0.7937	0.7822
采矿业	0.7158	0.9212
制造业	7.5399	1.4911
电力、热力、燃气及水生产和供应业	1.0540	1.3091
建筑业	0.1783	1.4622
批发和零售业	0.9180	0.6461
交通运输、仓储和邮政业	1.3174	1.0547
住宿和餐饮业	0.6280	1.2312
信息传输、软件和信息技术服务业	0.7333	0.9210
金融业	1.4627	0.8238
房地产业	0.9911	0.4906
租赁和商务服务业	1.3119	1.2967
科学研究和技术服务业	0.4491	1.1553
水利、环境和公共设施管理业	0.1235	1.1074
居民服务、修理和其他服务业	0.4069	0.9205
教育	0.0652	0.5540
卫生和社会工作	0.0245	1.1420
文化、体育和娱乐业	0.2163	0.9302
公共管理、社会保障和社会组织	0.0702	0.7609

---

① 本书借鉴温锋华等的做法（具体见温锋华，谭翠萍，李桂君. 京津冀产业协同网络的联系强度及优化策略研究 [J]. 城市发展研究，2017（1）：35-43），采用全国的投入产出表代替区域的投入产出表。

2. 产业内部联系强度系数

产业内部联系强度是指某一城市的产业联系的大小,其不具有方向性,主要利用城市产业发展的对外辐射能力、各产业的就业人口规模和各产业占总产业的比重进行衡量。具体计算公式为:

$$C_a = \sum_{i=1}^{19} M_i N_i E_i \beta_i \qquad (5-4)$$

其中,C_a 即城市 a 的 n 个(本书取19个)产业内部联系强度;E_i 为产业 i 的就业人口总数,β_i 为产业 i 占总产业的比重大小,具体利用层次分析法确定产业比重,主要参考感应度系数与影响力系数。

3. 产业空间关联强度系数

城市间的产业空间关联强度具有单向性与空间属性的特征,因为其不仅受自身经济规模、地区间距离与人口因素的影响,还受其他地区的影响。因此本节运用城市的联系强度及其空间距离来测算产业空间关联强度系数,具体公式为:

$$R_{ab} = \frac{\sqrt{C_a C_b}}{D_{ab}} \qquad (5-5)$$

其中,R_{ab} 为城市 a 与城市 b 之间的产业关联强度,C_a 与 C_b 分别为城市 a 与城市 b 的产业内部联系强度系数,D_{ab} 为城市 a、b 之间的最小距离(具体数据通过百度地图获取)。根据式(5-5)计算出城市间产业联系的引力矩阵,以矩阵行平均值为标准,若行中数值大于该平均值,将其记为1,表示城市间具有产业联系;否则记为0,表示城市间不存在产业联系。

(二)社会网络分析方法简介

1. 网络密度

网络密度是指网络节点之间实际连接数与可能连接数的比值,反映节点之间的产业关联程度。若网络中节点的数量为 N，则网络中可能存在最大关联连接数量为 $N×(N-1)$。假设网络中节点实际拥有的关联关系数量为 M，那么网络密度 D_n 可表示为：

$$D_n = M/[N×(N-1)] \quad (5-6)$$

其中，网络密度的取值范围为 [0，1]。由式（5-6）可知，网络中节点实际关联关系数与网络密度成正比，即节点间的产业联系越紧密，其传递与互动能力越强。

2. 中心性

本节利用网络中心性分析产业网络的结构。具体参考弗里曼（Freeman，1979）的研究方法，选取点度中心度来衡量网络中心城市与边缘城市的分布。其中，若点度中心度越高，则该节点在产业网络中的地位越重要。① 具体计算公式为：

$$C_e = \frac{\sum_{b=1,b\neq a}^{n} l_{ab}}{n-1} \quad (5-7)$$

其中，C_e 表示点度中心度；l_{ab} 表示 a、b 两节点间的关联状况；n 表示网络的节点数。

（三）样本选择和数据来源

1. 样本选择

随着我国东部沿海经济发展水平的提升，产业集聚水平越来越高，"用地荒"现象加剧，要素成本上升，环境压力增大，其劳动密集型产业与资源密集型产业向西部转移已经成为我国区域经济发展的新趋势。本节借鉴曹薇、

---

① 戴维·诺克，杨松. 社会网络分析（第二版）[M]. 上海：上海人民出版社，2012.

刘春虎、苗建军（2021）与王倩娜等（2023）的研究方法，采用比较分析的思路，将粤港澳大湾区和长三角地区作为产业转移的主要区域，分别构建西南陆路边境口岸与粤港澳大湾区、长三角地区的两个产业空间网络，研究西南陆路边境口岸承接产业转移的空间选择。基于数据的可获性，本节分析不包括香港、澳门和西藏的边境口岸城市。其中，粤港澳大湾区—广西—云南产业网络包括粤港澳大湾区城市群（除香港、澳门外）、广西和云南39个城市，分别为广州、深圳、珠海、佛山、惠州、东莞、中山、江门、肇庆、百色、防城港、崇左、南宁、柳州、桂林、梧州、北海、钦州、贵港、玉林、贺州、河池、来宾、昆明、曲靖、玉溪、昭通、丽江、楚雄、大理、迪庆、保山、普洱、临沧、红河、文山、西双版纳、德宏、怒江。长三角地区—广西—云南产业网络包括56个城市，分别为上海、南京、无锡、常州、苏州、南通、盐城、扬州、镇江、泰州、杭州、宁波、嘉兴、湖州、绍兴、金华、舟山、台州、合肥、芜湖、马鞍山、铜陵、安庆、滁州、池州、宣城、百色、防城港、崇左、南宁、柳州、桂林、梧州、北海、钦州、贵港、玉林、贺州、河池、来宾、昆明、曲靖、玉溪、昭通、丽江、楚雄、大理、迪庆、保山、普洱、临沧、红河、文山、西双版纳、德宏、怒江。需要说明的是，本节在研究西南陆路边境口岸与粤港澳大湾区、长三角地区的产业网络时，把广西、云南的非陆路边境口岸城市也纳入其中，其中的主要原因是西南陆路边境口岸城市与粤港澳大湾区、长三角地区的直接联系不够紧密，无法构成完整的网络。此外，长三角地区城市的选择主要参考《长江三角洲城市群发展规划》。

2. 数据来源

考虑到网络的相对稳定性及数据的可获性，本节采用2010年、2015年、2020年的截面数据来反映城市群的产业动态关联演化过程。具体数据来源于相应年份的《中国统计年鉴》《浙江统计年鉴》《江苏统计年鉴》《安徽统计年鉴》《广东统计年鉴》《广西统计年鉴》《云南统计年鉴》及2017年的

《中国投入产出表》,部分缺失数据通过插值法补充。其中,城市间的最短空间距离,参考劳昕、沈体雁、杨洋等(2016)的做法,采用百度地图公布的相关数据衡量。

(四)西南陆路边境口岸分别与粤港澳大湾区、长三角地区的产业网络结果分析

1. 西南陆路边境口岸分别与粤港澳大湾区、长三角地区的产业网络密度分析

利用 Ucinet 软件的 Netdraw 绘图工具,可得粤港澳大湾区—广西—云南产业网络与长三角地区—广西—云南产业网络的可视化结构(见图5-2~图5-7)。图中各节点表示相应的城市,节点之间的线条则表示城市间的产业联系及其方向。从中可知,两个网络自2010年以来城市间的产业联系逐渐加强,网络整体关联日益紧密。利用 Ucinet 软件对有向线段进行测算,结果发

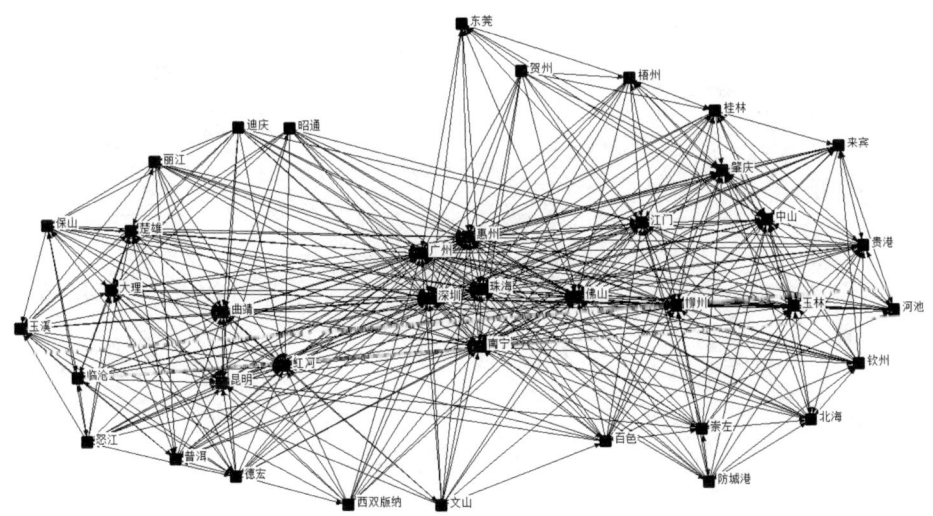

图5-2 2010年粤港澳大湾区—广西—云南产业网络结构

现 2010 年、2015 年、2020 年两个网络中的城市产业联系比较稳定,说明城市间产业交流频繁,为西南陆路边境口岸承接粤港澳大湾区、长三角地区产业转移奠定了基础。

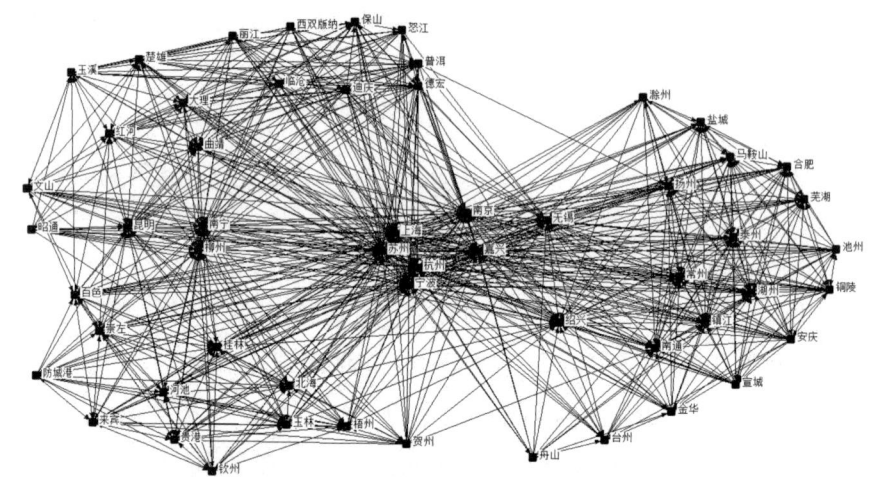

图 5-3　2010 年长三角地区—广西—云南产业网络结构

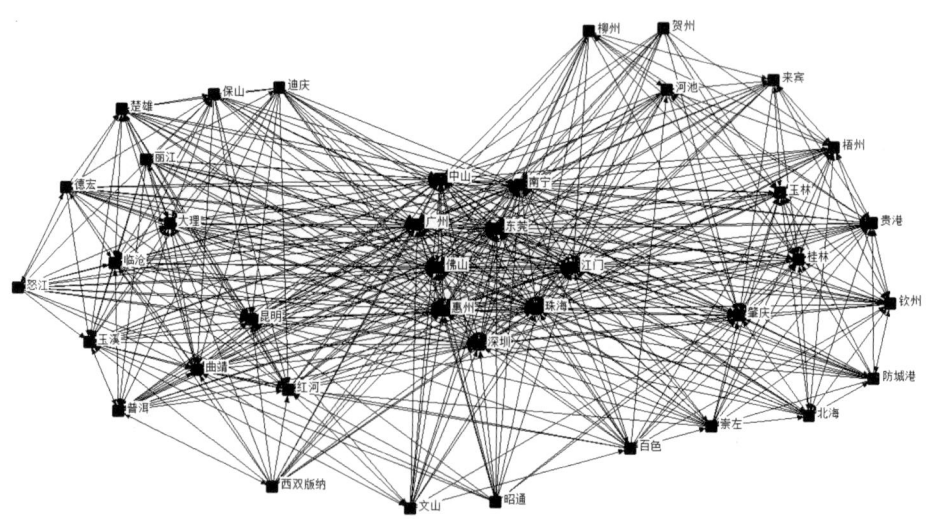

图 5-4　2015 年粤港澳大湾区—广西—云南产业网络结构

第五章 "一带一路"背景下西南陆路边境口岸产业转型升级的路径选择

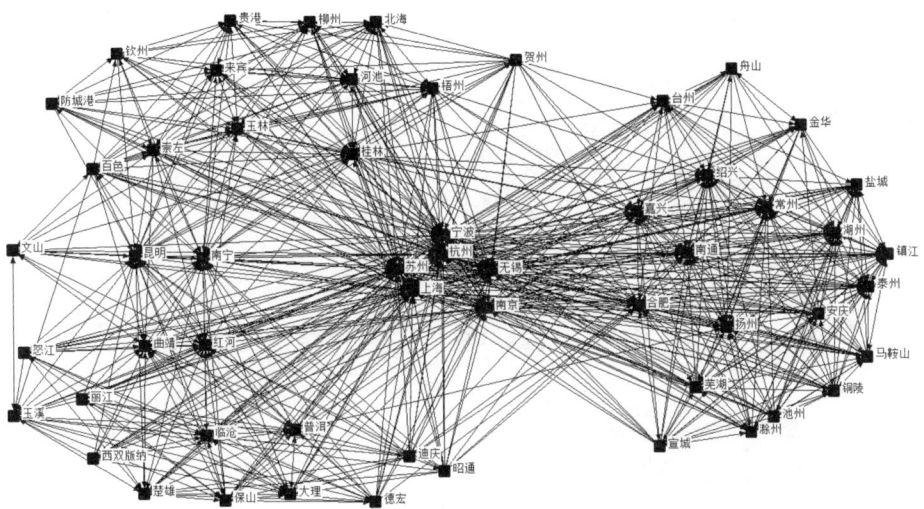

图 5-5 2015 年长三角地区—广西—云南产业网络结构

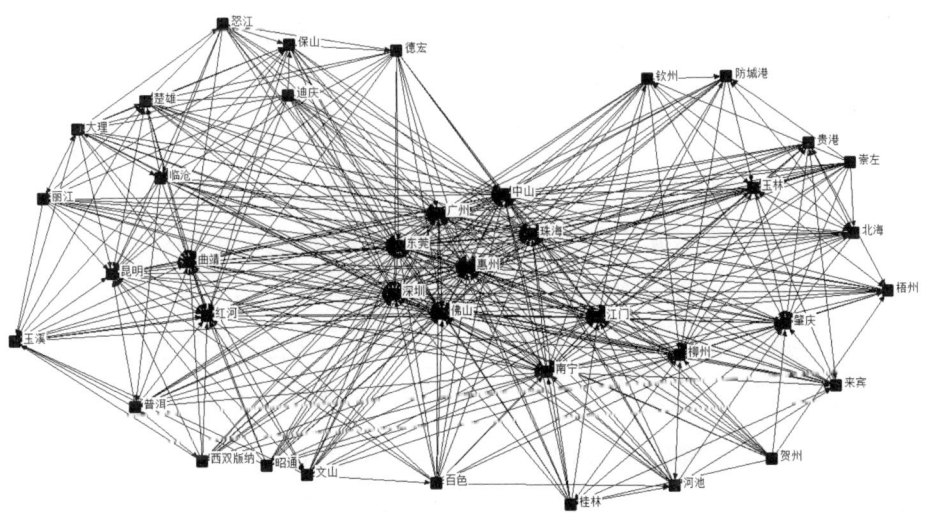

图 5-6 2020 年粤港澳大湾区—广西—云南产业网络结构

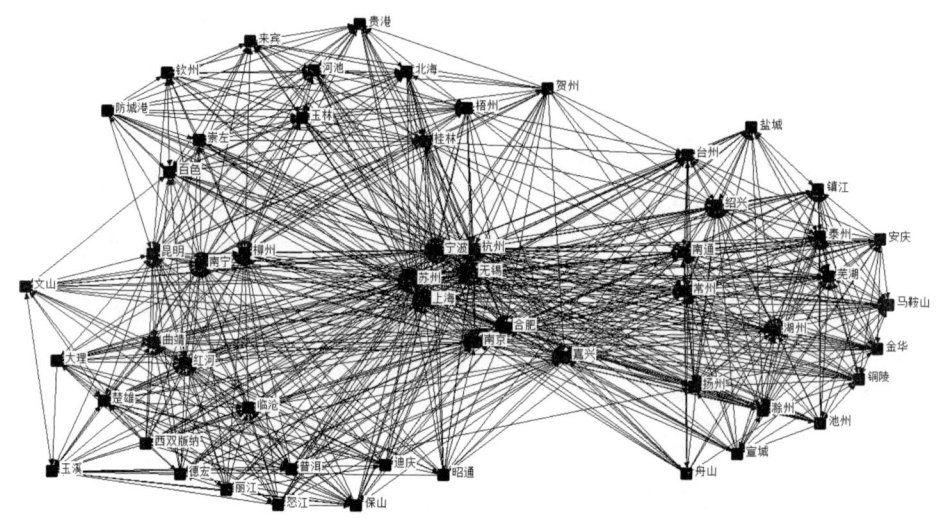

图 5-7 2020 年长三角地区—广西—云南产业网络结构

在此基础上利用 Ucinet 软件计算两个网络各年份的网络密度（见表 5-2）。粤港澳大湾区—广西—云南产业网络 2010 年、2015 年和 2020 年的产业网络密度分别为 0.3327、0.3893、0.3360，呈现出波动上升的态势。其中，2015 年的网络密度比 2010 年上升了 0.0566，升幅达到 17.01%；2020 年的网络密度有所下滑，但与 2010 年相比，仍然增加了 0.0033，其中的增幅为 1%。长三角地区—广西—云南产业网络 2010 年、2015 年和 2020 年的产业网络密度分别为 0.3143、0.3159、0.3289，呈现出逐年递增的态势。从横向比较来看，粤港澳大湾区—广西—云南产业网络密度比长三角地区—广西—云南产业网络密度高。其中的可能原因是，粤港澳大湾区比长三角地区更接近西南陆路边境口岸，并且粤港澳大湾区、广西、云南依托成立于 2004 年的泛珠三角区域合作机制有利于加强统筹，产业联系更紧密。由此可见，西南陆路边境口岸承接粤港澳大湾区产业转移的可能性更大。

表 5-2　　2010~2020 年两个网络的产业网络密度

网络	2010 年	2015 年	2020 年
粤港澳大湾区—广西—云南	0.3327	0.3893	0.3360
长三角地区—广西—云南	0.3143	0.3159	0.3289

2. 西南陆路边境口岸分别与粤港澳大湾区、长三角地区的产业网络中心性分析

本节主要利用节点中心性来衡量西南陆路边境口岸分别与粤港澳大湾区、长三角地区的产业网络结构，具体采用点度中心度作为衡量指标，利用 Ucinet 软件计算出上述两个产业网络的点度中心度（见表 5-3、表 5-4）。整体来看，广州、深圳、惠州、佛山、珠海与上海、苏州、杭州、无锡、宁波的点度中心度处于较高位置，分别是上述两个产业网络的核心，在网络中扮演着"中心行动者"的角色。而西南陆路边境口岸的点度中心度整体较低，其中文山、怒江、防城港在两个网络的排名均居后十位，说明这些口岸与其他城市的产业空间关联性较弱，在网络中扮演着"边缘追随者"的角色。其中的主要原因是，上述口岸的产业发展水平不高。而西南非边境口岸的南宁、昆明等城市处于中间过渡区域，扮演着"中介者"的角色。

表 5-3　　粤港澳大湾区—广西—云南产业网络中心性

城市	点度中心度		
	2010 年	2015 年	2020 年
广州	38	38	38
深圳	38	38	38
珠海	37	37	37
惠州	37	38	38
南宁	36	37	30

续表

城市	点度中心度		
	2010 年	2015 年	2020 年
佛山	31	38	38
江门	26	36	31
柳州	25	16	26
红河	23	27	25
中山	22	38	37
曲靖	22	25	25
昆明	22	27	24
肇庆	21	25	21
玉林	20	22	18
大理	19	22	18
贵港	19	21	15
楚雄	18	19	18
百色	18	20	16
崇左	17	20	15
玉溪	17	22	16
桂林	17	23	14
保山	16	20	17
临沧	16	22	19
钦州	16	19	15
北海	15	17	16
迪庆	15	19	16
丽江	15	19	16
普洱	15	18	15
梧州	15	20	14
来宾	15	17	15
河池	15	18	14

续表

城市	点度中心度		
	2010年	2015年	2020年
德宏	15	18	16
怒江	14	17	14
防城港	14	16	14
昭通	14	15	14
西双版纳	13	16	14
文山	13	15	15
贺州	13	13	12
东莞	10	38	38
平均值	20.05	23.74	21.33

表 5-4　长三角地区—广西—云南产业网络中心性

城市	点度中心度		
	2010年	2015年	2020年
上海	55	55	55
苏州	55	55	55
杭州	54	54	54
宁波	53	53	54
嘉兴	48	32	42
南京	48	49	50
无锡	40	50	54
南宁	35	35	36
柳州	34	19	36
绍兴	33	28	28
昆明	32	32	35
南通	26	30	30
曲靖	25	25	27

续表

城市	点度中心度		
	2010 年	2015 年	2020 年
镇江	25	25	23
常州	25	26	30
湖州	25	25	25
泰州	24	25	25
扬州	24	26	25
桂林	24	30	27
红河	24	26	26
大理	23	21	22
安庆	23	24	23
百色	23	22	24
马鞍山	22	22	22
普洱	22	21	21
崇左	22	22	22
铜陵	22	22	21
北海	22	20	22
芜湖	22	23	24
合肥	22	31	49
玉林	22	23	22
梧州	21	24	26
池州	21	21	21
保山	21	19	23
楚雄	21	18	24
临沧	20	20	24
盐城	20	22	19
丽江	20	17	19
河池	20	22	21

续表

城市	点度中心度		
	2010年	2015年	2020年
宣城	20	21	21
德宏	20	18	19
迪庆	19	20	21
贺州	19	21	22
金华	19	19	19
玉溪	19	19	18
贵港	19	19	19
文山	18	16	18
滁州	18	21	22
来宾	18	20	19
怒江	18	16	19
钦州	17	17	18
昭通	17	17	19
防城港	17	15	18
西双版纳	16	14	20
台州	16	21	23
舟山	14	16	15
平均值	25	25	27

在粤港澳大湾区—广西—云南产业网络中，2010年点度中心度排在前五位的分别是广州、深圳、珠海、惠州、南宁；2015年广州、深圳、惠州、佛山、中山、东莞的得分相同，并列第一位；2020年广州、深圳、惠州、佛山、东莞得分相同，并列第一位。由此可见，广州、深圳、惠州、佛山、东莞是粤港澳大湾区—广西—云南产业网络的中心。2010年西南陆路边境口岸的点度中心度排在后十位的主要有德宏、怒江、防城港、西双版纳、文山等，

其点度中心度均处于产业网络点度中心度平均水平以下（2010年均值为20.05）。其中，西双版纳和文山的点度中心度均为13，并列倒数第二。2015年西南陆路边境口岸的点度中心度整体有所提升，尤其是临沧的点度中心度从2010年的16增加到2015年的22，增长了37.5%，向产业网络中心靠拢。2020年，产业网络点度中心度后十名的名单中，西南陆路边境口岸的数量从2010年、2015年的5个下降至4个（具体为文山、防城港、怒江、西双版纳），说明其点度中心度进一步提升。2015年、2020年，南宁虽然从中心城市退出，但排名依然较高（第九位）。

在长三角地区—广西—云南产业网络中，2010年上海、苏州、杭州、宁波、嘉兴（并列第五）、南京（并列第五）居前五位，2015年和2020年的前五位均为上海、苏州、杭州、宁波、无锡。其中，上海、苏州、杭州、宁波三年均位列前五位，在该网络的中心性较高，并且具有较强的稳定性。2010年西南陆路边境口岸点度中心度靠前的是：红河（第20位）、百色（第23位）、普洱（第25位）、崇左（第26位），靠后的是：德宏（第41位）、文山（第47位）、怒江（第50位）、防城港（第53位）、西双版纳（第54位）。2015年西南陆路边境口岸中心度排名靠前的是：红河（第16位）、百色（第25位）、崇左（第27位）、普洱（第32位），排名靠后的是：德宏（第48位）、文山（第52位）、怒江（第53位）、防城港（第55位）、西双版纳（第56位）。2020年排名靠前的是：红河（第18位）、临沧（第23位）、百色（第25位）、崇左（第35位），靠后的是：西双版纳（第43位）、怒江（第46位）、德宏（第51位）、文山（第53位）、防城港（第55位）。其中，文山、怒江、西双版纳、防城港在三年中均位于产业网络的后十位。可见，西南陆路边境口岸整体上处于长三角地区—广西—云南产业网络的边缘。而南宁等处于中间过渡节点，2020年的点度中心度排名第九位。

比较粤港澳大湾区—广西—云南与长三角地区—广西—云南两个产业网络发现，西南陆路边境口岸与前者中心城市的联系更紧密。以2020年末尾的西南陆路边境口岸与产业网络首位城市的点度中心度进行比较,在粤港澳大湾区—广西—云南产业网络中末尾与首位之比为 0.3684,而在长三角地区—广西—云南产业网络中该值为 0.3273。进一步将网络后十位中的西南陆路边境口岸的点度中心度的均值与网络中前五位城市的点度中心度的均值进行比较,在粤港澳大湾区—广西—云南产业网络中的比值为 0.375,而长三角地区—广西—云南产业网络中的比值为 0.340。以上两类指标分析均表明,西南陆路边境口岸与粤港澳大湾区的产业联系更紧密,故西南陆路边境口岸承接产业转移的重点区域应该选择粤港澳大湾区。

(五)西南陆路边境口岸分别与粤港澳大湾区、长三角地区产业网络关联的影响因素分析

本部分通过 QAP 分析法检验产业网络关联的影响因素,为西南陆路边境口岸承接重点区域选择提供进一步的依据。QAP 分析包括相关性分析和回归分析,其中相关性分析主要研究两个关联矩阵的相关性,回归分析则主要研究多个矩阵与单个矩阵之间的相互关系。

1. 模型构建

产业网络受多种因素的影响。其中,城市间的地理距离是影响城市间产业关联的重要因素,即城市间的地理距离越大,产业关联的成本就越高,关联的可能性就越小;反之,城市间的距离越近,其要素的流动成本就越低,城市间产业关联就越容易。开放可以促进资源和生产要素的流动,因此有利于加强城市间的产业联系。为了前后一致性,本部分的研究样本与本节前文相同,分两个产业网络进行比较分析,主要检验城市间的距离、开放程度对城市产业网络关联的影响。具体构建如下计量模型:

$$F = f(D, E) \quad (5-8)$$

其中,F 代表城市产业关联矩阵;D 表示城市间地理距离,用城市间公路里

程数矩阵表示；E 表示城市经济开放水平，用外商直接投资与城市生产总值之比的矩阵来表示。为了体现时效性，以上指标均采用 2020 年的数据进行分析。相关数据主要来源于《中国城市统计年鉴》《广西统计年鉴》《云南统计年鉴》《广东统计年鉴》《上海统计年鉴》《江苏统计年鉴》《浙江统计年鉴》《安徽统计年鉴》以及百度地图所提供的城市间公路里程。

2. QAP 相关性分析

本节利用 Ucinet 软件进行随机置换（5000 次），得到两个网络的产业关联矩阵与影响矩阵 QAP 相关性分析结果（见表 5-5）。其中 Obs Value 是根据产业关联矩阵和影响矩阵两两计算而得，max 与 min 分别表示相关系数的最大值、最小值，$p \geq 0$ 与 $p \leq 0$ 分别表示相关系数与实际相关系数大小差值的概率。

表 5-5   产业网络 QAP 相关分析结果

项目	变量	Obs Value	Significa	Average	Sd	min	max	$p \geq 0$	$p \leq 0$
粤港澳大湾区—广西—云南	D	-0.057	0.009	0	0.023	-0.077	0.084	0.994	0.009
	E	0.462	0	-0.001	0.0122	-0.336	0.446	0	1
长三角地区—广西—云南	D	-0.018	0.14	0	0.016	-0.065	0.053	0.882	0.14
	E	0.284	0.001	0	0.082	-0.261	0.304	0.001	1

从表 5-5 可以看出，在粤港澳大湾区—广西—云南产业网络中，城市间的距离和经济开放程度对产业关联的影响均在 1% 的水平上显著。其中，产业关联强度矩阵与城市距离矩阵的相关系数为 -0.057，表明城市间的空间距离与它们的产业关联负相关，即城市间的距离差值越大，城市间产业关联就越弱，故加强交通基础设施建设在一定程度上可以增强城市间的产业关联。在长三角地区—广西—云南的产业网络中，经济开放有利于促进西南陆路边

境口岸与长三角地区的产业关联。

3. QAP 回归分析

QAP 回归性分析具体利用 Ucinet 软件进行随机置换（5000 次），检验城市间距离和经济开放程度对产业网络关联的影响（具体结果见表 5-6）。回归结果显示，在粤港澳大湾区—广西—云南与长三角地区—广西—云南的产业网络中，城市距离矩阵 D 的非标准化回归系数分别为 -0.049、-0.028153，标准化回归系数分别为 -0.05175、-0.029957，并且都通过了 5% 的显著性水平检验，说明城市间的地理距离对产业关联具有反向作用。即城市间地理距离越大，其产业关联就越弱，反之则越强。同样在两个网络中，经济开放程度矩阵 E 的非标准化回归系数分别为 0.504282、0.270385，标准化回归系数分别为 0.466170、0.278621，且都通过了 1% 的显著性水平检验，说明经济开放有利于促进城市间资源要素的有效流动，从而提升了城市间产业关联的紧密程度。进一步比较粤港澳大湾区—广西—云南与长三角地区—广西—云南产业网络中城市间距离与经济开放之系数差异发现，其对前者产业关联的影响较大。可见，在同等改善城市间交通基础设施降低其相对距离或提升经济开放程度的条件下，粤港澳大湾区—广西—云南产业关联程度提升更显著，从而更有利于西南陆路边境口岸承接粤港澳大湾区产业转移。这进一步证实，粤港澳大湾区是西南陆路边境口岸承接产业转移的重点区域。

表 5-6　　　　　　　　产业网络的 QAP 回归结果

项目	变量	非标准化回归系数	标准化回归系数	显著性	$p \geq 0$	$p \leq 0$
粤港澳大湾区—广西—云南	截距	0.251431	0	—	—	—
	D	-0.049	-0.05175	0.013	0.987	0.013
	E	0.504282	0.466170	0	0	1

续表

项目	变量	非标准化回归系数	标准化回归系数	显著性	$p \geq 0$	$p \leq 0$
长三角地区—广西—云南	截距	0.262524	0	—	—	—
	D	-0.028153	-0.029957	0.028	0.972	0.02
	E	0.270385	0.278621	0	0	1

(六) 小结

通过构建粤港澳大湾区—广西—云南与长三角地区—广西—云南两个产业网络，比较产业网络密度、中心性等，发现西南陆路边境口岸应重点承接粤港澳大湾区产业转移。进一步采用QAP分析，发现城市间距离对上述两个产业网络关联具有负向影响，而经济开放对其具有积极促进作用，并且上述两个因素在粤港澳大湾区—广西—云南产业网络中的影响更显著，从而也支持西南陆路边境口岸应重点承接粤港澳大湾区产业转移。此外，西南陆路边境口岸承接产业转移需要西南非边境口岸的南宁、昆明等中介区域的支持。

三、西南陆路边境口岸承接的主要城市选择

本书第四章第二节采用省级面板数据研究东部产业集聚与全要素生产率之间的关系，证实东部产业存在向外转移的趋势，而西南陆路边境口岸存在承接产业转移，因此本节主要从城市角度分析西南陆路边境口岸承接粤港澳大湾区、长三角地区的产业转移。

(一) 产业转移测算方法简介

本书主要基于产业静态集聚指数与产业动态集聚指数来判断产业转移。

一是产业静态集聚指数。产业静态指数是在美国经济学家埃德加·M.胡

佛（Edgar M. Hoover，1936）的区位基尼系数基础上，利用某地区某行业占区域内该行业的份额与完全均衡分布条件下占区域行业份额（用全国均值来衡量）之比来衡量某行业在不同地区的集聚程度，其测算公式如下：①

$$R_{ij} = \frac{X_{ij}/Y_j}{X_i/Y} \tag{5-9}$$

其中，Y_j 代表全国第 j 产业产值，X_{ij} 代表第 i 地区第 j 产业产值；Y 代表全国所有产业产值，X_i 代表第 i 地区全部产业产值。在此基础上，借鉴刘冲、李皓宇（2023）的方法，根据研究期间的产业静态集聚指数变化来判断产业转移状况。若研究期间产业静态集聚指数下降，则该地区产业向外转移。②

二是产业动态集聚指数。该指数表示第 i 地区第 j 产业的发展程度，具体用某一时期内第 i 地区第 j 产业的增速与该产业全国平均增速进行比较。其计算公式如下：③

$$A_{ij} = \frac{M_{ij}}{M_j}，\text{其中}，M_{ij} = \sqrt[t]{N_{ijt}/N_{ij0}} - 1，M_j = \sqrt[t]{N_{jt}/N_{j0}} - 1 \tag{5-10}$$

其中，M_{ij} 代表第 i 地区第 j 产业基期到第 t 期的平均增速；N_{ij0} 代表第 i 地区第 j 产业的基期产值；N_{ijt} 代表第 i 地区第 j 产业第 t 期的产值；M_j 代表全国第 j 产业基期到第 t 期的平均增速；N_{j0} 代表全国第 j 产业的基期产值；N_{jt} 代表全国第 j 产业第 t 期的总产值。本节借鉴王金杰、王庆芳、刘建国等（2018）的研究方法，构建关于 $0 \sim t$ 时期第 i 地区第 j 产业变动趋势判断标准（见表5—7）。

---

① 袁国华，贺正楚. 产业转移、承接能力与承接产业目录：广西对策［J］. 社会科学家，2020（2）：68-74.
② 刘冲，李皓宇. 基于投入产出表的京津冀产业协同发展水平测度［J］. 北京社会科学，2023（6）：37-48.
③ 王金杰，王庆芳，刘建国，李博. 协同视角下京津冀制造业转移及区域间合作［J］. 经济地理，2018（7）：90-99.

表 5-7 产业动态集聚趋势判断

全国平均增速	产业动态集聚指数	产业发展状况	集聚或转移趋势
>0	$A_{ij}>1$	j 产业的平均增速为正,且快于全国平均增长水平	相对集聚
>0	$0<A_{ij}<1$	j 产业平均增速为正,但低于全国平均水平	相对转移
>0	$A_{ij}<0$	j 产业平均增速为负,与全国平均增速方向相反	绝对转移
<0	$A_{ij}>1$	j 产业平均增速为负,出现衰退,衰退速度快于全国	绝对转移
<0	$0<A_{ij}<1$	j 产业平均增速为负,出现衰退,衰退速度低于全国	相对转移
<0	$A_{ij}<0$	j 产业平均增速为正,与全国平均增速方向相反	相对集聚

资料来源:王金杰等. 协同视角下京津冀制造业转移及区域间合作 [J]. 经济地理,2018 (7):90-99.

(二) 测算范围和数据来源

为与前文分析相一致,本部分选取上海、南京、无锡、常州、苏州、南通、盐城、扬州、镇江、泰州、杭州、宁波、嘉兴、湖州、绍兴、金华、舟山、台州、合肥、芜湖、马鞍山、铜陵、安庆、滁州、池州、宣城、广州、深圳、珠海、佛山、惠州、东莞、中山、江门、肇庆35个城市为研究对象。因上述城市主要转移第二产业,但具体行业由于数据难以获取,故采用2015年与2020年第二产业数据计算其产业静态集聚指数与产业动态集聚指数,相关数据来自《中国统计年鉴》以及相应省份的统计年鉴。

(三) 实证结果分析

根据公式(5-9)计算出2015年和2020年长三角地区与粤港澳大湾区城市第二产业静态集聚指数(见表5-8)。

表 5-8　2015 年、2020 年长三角地区与粤港澳大湾区城市第二产业静态集聚指数

城市	第二产业静态集聚指数		变化趋势
	2015 年	2020 年	
上海	0.7864	0.7030	-0.0834
南京	0.9844	0.9304	-0.054
无锡	1.2039	1.2292	0.0253
常州	1.1657	1.2250	0.0593
苏州	1.1867	1.2303	0.0436
南通	1.1884	1.2556	0.0672
盐城	1.1156	1.0567	-0.0589
扬州	1.2238	1.2181	-0.0057
镇江	1.2046	1.2459	0.0413
泰州	1.1997	1.2646	0.0649
杭州	0.9502	0.7914	-0.1588
嘉兴	1.2853	1.3730	0.0877
湖州	1.1968	1.3112	0.1144
舟山	1.0050	1.0319	0.0269
金华	1.1124	1.0196	-0.0928
绍兴	1.2324	1.1949	-0.0375
台州	1.0777	1.1546	0.0769
宁波	1.2510	1.2132	-0.0378
宣城	1.1904	1.2476	0.0572
滁州	1.2293	1.2887	0.0594
池州	1.1272	1.1648	0.0376
合肥	1.2951	0.9421	-0.353
铜陵	1.5087	1.1999	-0.3088
马鞍山	1.3843	1.2639	-0.1204
芜湖	1.3973	1.2592	-0.1381
安庆	1.1820	1.1428	-0.0392

续表

城市	第二产业静态集聚指数		变化趋势
	2015 年	2020 年	
广州	0.7729	0.6965	-0.0764
深圳	1.0061	0.9989	-0.0072
珠海	1.2150	1.1473	-0.0677
佛山	1.5077	1.4900	-0.0177
惠州	1.3430	1.3367	-0.0063
东莞	1.1200	1.4228	0.3028
中山	1.3252	1.3061	-0.0191
江门	1.1830	1.1013	-0.0817
肇庆	1.1314	1.0319	-0.0995

由表5-8可知，长三角地区与粤港澳大湾区35个样本城市中有21个城市（上海、南京、盐城、扬州、杭州、金华、绍兴、宁波、合肥、铜陵、马鞍山、芜湖、安庆、广州、深圳、珠海、佛山、惠州、中山、江门和肇庆）的第二产业静态集聚指数下降，即有约4/7的城市的第二产业具有转移态势。其中，第二产业静态集聚指数下降幅度前三名的城市是合肥、铜陵和杭州；粤港澳大湾区中除东莞的产业静态集聚指数上升外，其他城市的产业静态集聚指数均下降，均具有产业转移趋势。

在此基础上，进一步采用产业动态集聚指数对没有静态转移态势的城市进行检验。据测算，2015～2020年全国第二产业平均增速为0.0638，在此基础上计算长三角地区与粤港澳大湾区没有静态转移趋势的城市产业动态集聚指数（见表5-9）。结果发现，苏州、镇江、舟山均具有相对转移趋势。

表 5-9　　2015~2020 年长三角地区与粤港澳大湾区部分城市产业动态集聚指数

城市	第二产业动态集聚指数	转移趋势
无锡	1.0189	相对集聚
常州	1.1792	相对集聚
苏州	0.9254	相对转移
南通	1.4713	相对集聚
镇江	0.4485	相对转移
泰州	1.0985	相对集聚
嘉兴	1.4268	相对集聚
湖州	1.4464	相对集聚
舟山	0.8763	相对转移
台州	1.2461	相对集聚
宣城	1.5501	相对集聚
滁州	2.7585	相对集聚
池州	1.3759	相对集聚
东莞	1.9102	相对集聚

结合产业静态与动态两类集聚指数，长三角地区和粤港澳大湾区中具有转移趋势的城市有上海、南京、苏州、盐城、镇江、扬州、杭州、舟山、金华、绍兴、宁波、合肥、铜陵、马鞍山、芜湖、安庆、广州、深圳、珠海、佛山、惠州、中山、江门和肇庆 24 个城市，约占全部研究城市群的七成，说明长三角地区和粤港澳大湾区的产业存在向西南陆路边境口岸转移的趋势。由于粤港澳大湾区资源和土地的制约性较强，亟须转出传统制造业为高新技术产业腾挪空间，故其具有转移趋势的城市占比高于长三角地区，进一步证实粤港澳大湾区是西南陆路边境口岸承接产业转移的重点来源区域。

在此基础上，结合第四章证实西南陆路边境口岸存在承接产业转移的趋势及粤港澳大湾区—广西—云南、长三角地区—广西—云南城市产业网络的中心性等，西南陆路边境口岸在前一个网络中重点承接广州、深圳、珠海、佛山、惠州的产业转移，在后一个网络中重点承接上海、南京、杭州、宁波、合肥的产业转移。根据产业梯度转移理论，结合前述的产业网络分析，西南陆路边境口岸承接粤港澳大湾区、长三角地区产业转移需要南宁、昆明等中介区域的支持。

第二节　西南陆路边境口岸承接产业转移研究（二）：承接产业选择

一、西南陆路边境口岸承接产业选择的分析框架

本节在前述分析西南陆路边境口岸承接东部产业转移空间选择的基础上，采用比较东部转移产业和西南陆路边境口岸产业发展方向的方法，明晰后者承接前者的主要产业（见图5-8）。其中，A代表西南陆路边境口岸的产业发展方向，B代表东部转移的产业，A与B的交集即为西南陆路边境口岸重点承接的产业。为与前文分析相一致，本书所指东部主要考虑粤港澳大湾区与长三角地区[①]。

二、粤港澳大湾区与长三角地区转移的主要产业

由于大部分地市级的产业数据仅限于一二三产业，因而本节在前文东部产业转移分析的基础上，结合工业和信息化部发布的《产业转移指导目

[①] 其中，安徽虽然不属于东部，但是由于经济发展水平较高，而且与上海、江苏、浙江的经济联系紧密，故将其包括进来。

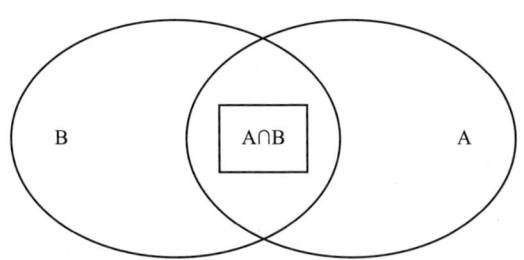

图 5-8　西南陆路边境口岸承接东部产业转移的选择示意

录（2018 年本）》[①]，整理粤港澳大湾区与长三角地区具有转移趋势的城市中调整和不再承接的具体产业（见表 5-10）。由表 5-10 可以看出，粤港澳大湾区和长三角地区致力于打造具有国际竞争力的制造业基地，为释放土地要素空间，推动钢铁、有色金属、石油等产业向外转移，着重发展技术密集型产业。此举为西南陆路边境口岸充分发挥劳动力和土地资源等成本优势，承接产业转移提供机遇，有利于促进口岸产业转型升级，实现区域协调发展。

表 5-10　　　　粤港澳大湾区与长三角地区主要转移的产业

城市	引导逐步调整转移产业
上海	中低端铸造，水泥制造，低值医用耗材，有色金属铸造，丙酮氰醇法丙烯酸，丙酮氰醇法甲基丙烯酸（与丙烯腈装置配套的除外），粮食法丙酮/丁醇，氯醇法环氧丙烷和皂化法环氧氯丙烷，磷肥，软边结构自行车胎，低端再生橡胶
苏州	染料、化工生产，化学制浆造纸、制革、酿造
杭州	羽绒羽毛原料初洗
杭州、舟山	普通文具、玩具
杭州、苏州	多晶硅电子专用材料冶炼
镇江、苏州	排放氮磷污染物的化工生产

---

① 中华人民共和国工业和信息化部 2018 年 12 月 29 日发布。

续表

城市	引导逐步调整转移产业
南京、苏州、镇江、扬州	以大宗进口油气资源为原料的石油化工、基础无机化工、煤化工
南京、苏州、盐城、扬州	水泥熟料生产
南京、苏州、盐城、镇江、扬州	含砷高于0.1%的铅蓄电池生产，排放致癌、致畸、致突变物质及列入名录的恶臭污染物等化工生产，不符合绿色农药标准的农药原药
合肥、铜陵、马鞍山、芜湖、安庆	镍、锡、锑、汞等常用有色金属冶炼
上海、广州、深圳、珠海、佛山、惠州、中山、江门、肇庆	钨钼、稀土及其他稀有金属冶炼
广州、深圳、珠海、佛山、惠州、中山、江门、肇庆	焦化、烧结（铁合金烧结除外），炼铁、炼钢、球团（铁合金球团除外），锰铁高炉、镁、钛、硅等有色金属冶炼，金、银及其他贵金属冶炼，普通平板玻璃制造
上海、杭州、舟山、绍兴、宁波、广州、深圳、珠海、佛山、惠州、中山、江门、肇庆	铜、铝、铅、锌等有色金属冶炼
杭州、舟山、金华、绍兴、宁波、广州、深圳、珠海、佛山、惠州、中山、江门、肇庆	船舶分段出口建造项目
南京、苏州、盐城、镇江、扬州、杭州、舟山、金华、绍兴、宁波、广州、深圳、珠海、佛山、惠州、中山、江门、肇庆	《关于汞的水俣公约》规定的用于普通照明用途的含汞荧光灯、高压汞灯

资料来源：根据《产业转移指导目录（2018年本）》整理而成。

三、西南陆路边境口岸产业发展的主要方向

根据前述分析可知，西南陆路边境口岸第二产业发展存在不足，但具备承接东部产业转移的潜力。由于西南陆路边境口岸第二产业的具体行业数据缺乏，因此本节通过梳理其相应市（地区、州）颁布的国民经济和社会发展

第五章 "一带一路"背景下西南陆路边境口岸产业转型升级的路径选择

第十四个五年规划和2035年远景目标纲要等相关规划性文件，总结出各口岸的第二产业发展的具体方向（见表5-11）。其中，防城港有色金属冶炼有较好基础，重点发展钢、铝、铜产业及锂电新能源材料产业。百色有丰富的铝土矿等资源，重点发展铝产业、高性能有色金属、中医药产业（壮医瑶药）、木材加工。崇左锰矿、稀土等资源丰富，重点发展铜业、氧化铝、木材加工、特色轻工纺织业以及新能源电池行业。红河作为云南近代工业的发祥地和重要的工业、能源基地，主要发展锡、铝、铜、铅、锌冶炼以及烟草等产业。文山重点发展铝产业、有色金属、硅、稀贵金属、稀土材料以及中药加工、鞋服产业、大麻纤维加工等。普洱重点发展有机茶、合成药研发、林浆纸业、咖啡供应流通、新型建筑材料、特色包装材料、橡胶制品以及矿产材料精深加工等。日喀则依托丰富的矿产资源及发展特色农业与手工业的良好基础，重点发展青稞产业、唐卡、藏毯、藏香、金属制品、手工业制作、天然饮用水等产业，以及生物制品、保健品、锂矿、铜矿、盐湖等优势资源高效利用。可见，西南陆路边境口岸的优势产业主要集中于资源密集型产业和劳动密集型产业。

表5-11　　　　　　　西南陆路边境口岸产业发展的主要方向

口岸	产业发展的主要方向
防城港	钢、铝、铜产业链延链，新能源，化工新材料
百色	铝产业、高性能有色金属，中医药产业（壮医瑶药），木材加工，绿色化工
崇左	铜业，氧化铝，木材加工，特色轻工纺织业，新能源电池
红河	锡、铝、铜、铅、锌冶炼，烟草产业，民族药业，煤焦化
文山	有色金属、硅、稀贵金属，稀土材料，中药加工，鞋服产业，大麻纤维加工
普洱	有机茶，合成药研发，林浆纸业，咖啡供应流通，新型建筑材料、特色包装材料、橡胶制品、矿产材料精深加工
西双版纳	矿产品、成品油、大牲畜、特色农产品等资源型产业，橡胶制品加工产业，热带、亚热带鲜果蔬菜加工，电子信息、机电产品、纺织服装等出口加工业，电力、建材、铁矿采选等传统产业

续表

口岸	产业发展的主要方向
保山	硅基产业，石油炼化中下游产业，氯碱化工，建材，特性化精纺，电子信息，装备制造
德宏	铝材、硅材加工，丝绸，家用电器（面向东南亚）
怒江	铅锌采、选、冶、深加工，硅工业，水泥，钢化玻璃加工
临沧	"佤药""傣药"，烟草产业，锗、高岭土等新材料
日喀则	青稞产业，唐卡、藏毯、藏香、金属制品、家具等手工业制作，生物制品，保健品，锂矿、铜矿、盐湖等优势资源高效利用，天然饮用水产业，钢结构生产，水泥
阿里	农产品精深加工

资料来源：根据相应市（地区、州）国民经济和社会发展第十四个五年规划和2035年远景目标纲要及相关政策性文件整理。

四、西南陆路边境口岸承接粤港澳大湾区与长三角地区的主要产业

本书结合退出的产业及西南陆路边境口岸的产业发展方向，梳理出口岸重点承接的产业（见表5-12）。例如防城港和红河抢抓国家"东铝西移"的电解铝产业布局战略调整的机遇，积极承接粤港澳大湾区与长三角地区的铝产业转移；百色、西双版纳和保山为积极推动建材产业向智能化转型升级，应重点承接粤港澳大湾区与长三角地区的建材产业；崇左、保山和德宏本身就拥有大量织造厂，其中华南理工大学（崇左）的先进轻质功能材料产业化基地项目于2020年第四季度开工，应重点承接粤港澳大湾区与长三角地区的纺织业；普洱、日喀则和阿里依靠各自特有的林木、药材、矿物等资源优势，应重点承接特色资源密集型产业。可见，西南陆路边境口岸主要承接粤港澳大湾区与长三角地区的劳动密集型产业（纺织）和资源型产业（有色金属冶炼等）。

表 5-12　西南陆路边境口岸重点承接的粤港澳大湾区与长三角地区转移的产业

口岸	重点承接的粤港澳大湾区与长三角地区转移的产业
防城港	钢铁、铝、铜冶炼，化工新材料
百色	铝冶炼，绿色化工，建材
崇左	铜、铝冶炼，纺织
红河	锡、铝、铜、铅、锌冶炼，煤焦化
文山	铝、其他有色金属、稀贵金属、稀土冶炼
普洱	纺织、建材、林浆纸，橡胶制品
西双版纳	建材、铁矿采选，橡胶制品
保山	石油化工，氯碱化工，建材，纺织
德宏	铝冶炼，纺织
怒江	铅、锌冶炼，水泥产业，钢化玻璃加工
临沧	有色金属冶炼
日喀则	锂、铜采选，生物制品
阿里	农产品精深加工

第三节　西南陆路边境口岸产业逆向延伸研究

西南陆路边境口岸的贸易发展具有悠久历史（例如凭祥在壮语里有集市的意思），是我国与周边国家乃至"一带一路"其他沿线国家合作的前沿。西南陆路边境口岸开放的广度和深度持续拓展，以桂滇陆路边境口岸为例，崇左、防城港、德宏、保山的外贸依存度高于全国平均水平，桂滇其他陆路边境口岸的外贸依存度也逐年上升（见图 5-9）。然而，西南陆路边境口岸经济是典型的通道经济，边境贸易与口岸的产业体系联系并不紧密，边境口岸只是国内其他地区与国外商品交易的场所，产品的当地加工率不高，附加值有限。因此，西南陆路边境口岸的贸易产品对当地经济的贡献有待提升,故亟须从流通业向制造业逆向延伸,推动口岸产业转型升级。本节在理论分析的基础上,采用跨案例分析方法,提出加工贸易、品牌引领、产业融合三条流通业向制造业逆向延伸的路径。

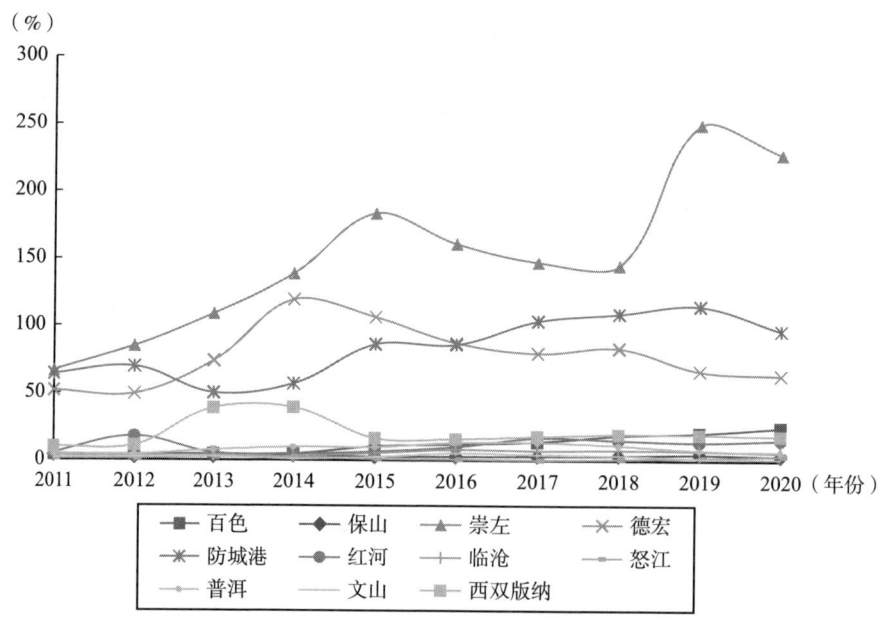

图 5-9　2011~2020 年桂滇陆路边境口岸的外贸依存度

资料来源:《广西统计年鉴》《云南统计年鉴》。

一、西南陆路边境口岸流通业逆向延伸的宏观环境与理论分析

关于流通业与制造业关系的研究,现有文献主要关注流通业促进制造业转型升级的机制及模式等方面。一是流通业促进制造业转型升级的机制相关研究。流通等服务要素通过统筹生产运营、价值创造两条途径来影响制造业升级(盛斌,2016)。具体而言,流通业专业化程度的提升可以降低制造业交易成本,促进制造业合理配置资源(于桂宾,2017),提高效率、降低成

本（赵乔、祝合良，2021），优化制造业区域分工与布局（岳辉，2017；汪旭辉、陈佳琪，2021），强化制造业企业研发创新，带动价值链升级（吕越、黄艳希、陈勇兵，2017）。此外，包含流通在内的服务贸易开放可拓宽制造业中间服务的选择范围，从而可以获取质优价廉的中间服务，推动产品升级或功能升级，促进制造业价值链攀升（韩民春、杨承奥，2021）。基于投入产出分析的研究发现，互联网能够显著提高服务型制造的发展水平（徐佳宾、孙晓谛，2022）。但是也有观点认为，在我国工业化的早期阶段，包括流通在内的服务业与制造业的互动作用并没有人们想象的那么大（张月友，2014）。发展中国家服务业开放存在正向的竞争和学习等"间接"效应与负向的"直接投入"效应，因而并不一定推动制造业全球价值链攀升（张二震、戴翔，2022）。二是流通业促进制造业转型升级方式的相关研究。服务型制造通过关注客户价值，依托分散化的资源集成，引导顾客参与个性化的产品服务系统生产过程，实现企业从简单的物理产品生产模式或无形服务向产品服务系统模式转变（赵霞，2011），是推动服务业与制造业融合的主要方式（夏杰长、肖宇，2022）。流通制造化则是流通企业通过开发自有品牌产品向产业链上游延伸的过程，比如沃尔玛、家乐福等大型零售企业都开发了自有品牌产品（王鹏飞，2020）。可见，现有关于流通业与制造业的研究中，专门针对西南陆路边境口岸这一特殊区域的相关研究还比较少。

在现有文献的基础上，本节提出西南陆路边境口岸的流通业应利用信息汇集效应和空间区位效应，满足消费者个性化需求，降低渠道成本，向制造业逆向延伸，从而促进产业结构升级。具体分析如下所述。

（一）西南陆路边境口岸流通业逆向延伸的宏观环境

在市场供过于求的背景下，了解消费者的需求是扩大内需的关键。我国制造业自改革开放以来蓬勃发展，不少消费品的加工和制造能力已经达到世界第一，如服装、鞋帽、家电、文具、家居用品等。我国市场格局发生了很大变化，消费品从短缺转变为相对过剩，由卖方市场转变为买方市场，消费需求日益多样化。一方面，市场上的商品供给较多，同样一种规格和类型的商品可以有几十种甚至是几百种选择；另一方面，人们对于高质量商品的需求仍得不到满足，出现需求不足与需求过剩同时并存的结构性供需矛盾现象。而制造业不直接对接消费者，并不太了解市场上的消费者需求，存在盲目扩大生产的冲动，导致生产能力超过市场的需求能力。2021年中央经济工作会议提出，我国当前经济发展主要面临三重压力，其中之一就是需求收缩；党的二十大报告提出，把实施扩大内需战略同深化供给侧结构性改革有机结合起来。① 因此，在市场供过于求的背景下，了解并满足消费者需求成为扩大内需的关键，故西南陆路边境口岸流通业向制造业的逆向延伸有利于扩大内需。

（二）西南陆路边境口岸流通业具有接近消费者的信息优势

西南陆路边境口岸的信息汇集效应有利于流通业了解国内外消费需求的变化状况。流通业与消费者直接接触，在掌握消费者数据和信息方面具有先天的优势，特别是在信息技术支持下能够更充分地掌握消费者需求变化趋势。西南陆路边境口岸利用大数据了解消费者的消费习惯和消费心理，为制造业更好地满足消费者的个性化与多样化需求提供信息支撑，有效避免盲目生产，充分挖掘市场潜力。中国（崇左）跨境电子商务综合试验区、中国（红河）跨境电子商务综合试验区、中国（德宏）跨境电子商务综合试验区等获批，强化了西南陆路边境口岸的信息汇集效应。可见，西南陆路边境口岸流通业可充分发挥其信息汇集效应，利用掌握消费者消费需求信息的优势向制造业延伸，以满足不同层次消费者的需要。

---

① 习近平. 高举中国特色社会主义伟大旗帜 为全面建设社会主义现代化国家而团结奋斗——在中国共产党第二十次全国代表大会上的报告［R］. 2022.

(三) 西南陆路边境口岸流通产业逆向延伸的动力机制

一是满足消费者个性化需求。消费者个性化需求是反映其文化、收入、偏好的需求。根据中研网的报告，我国目前有超过 2 万家旅行箱生产企业，产量占世界总产量的 50% 以上，国内市场规模约为 1525 亿元。① 根据年龄分布，年轻人更偏好时尚的旅行箱，而老人则更注重性价比；根据使用时间上的比较，春节出行更倾向大尺寸的旅行箱，其他假期出行则更倾向小尺寸的。在互联网和信息技术进步的推动下，流通业依托其信息优势推动产业逆向延伸，参与产品生产的设计，实现以销定产，更好地满足消费者个性化需求，有利于提升顾客忠诚度、增强产品竞争优势。二是降低成本。流通业通过电子商务强化供应链管理与资源计划系统和客户关系管理系统的整合，不仅可以有效利用资源，还可以实现规模效应，降低生产成本。流通业可对流通模式进行创新，整合供应链，促进流通渠道的垂直一体化与横向一体化相互渗透、大中小企业之间共生，形成新的流通组织生态，推动消费者直达制造商，从而大幅度降低交易成本。三是推动技术进步。流通业逆向延伸有利于实现生产和消费的即时互动，一方面能够实时传导市场压力，增强制造业创新的动力；另一方面能够精准把握市场，避免制造业创新的盲目性。

二、西南陆路边境口岸流通业逆向延伸的具体路径分析

本部分利用跨案例分析方法，探究西南陆路边境口岸流通业向制造业逆向延伸的具体路径，其中的相关资料来源于调研、相关报道及期刊论文等。其中，流通加工是指为了更好地满足客户的需求，在流通过程中对商品进行

---

① 陈观秋. 行李箱行业市场发展现状及市场规模分析 [EB/OL]. https://www.chinairn.com/hyzx/20220513/164141729.shtml.

加工，从而增加商品附加价值；品牌引领是指流通产业利用自身优势，塑造品牌，然后通过自己制造、外包等方式拓展制造业务；产业融合是指通过构建联通生产与消费的产业链条，促进流通业与加工制造业的相互融合。

（一）流通加工

一是"进口＋落地加工"模式。即把通过口岸或边民互市贸易进口的商品在边境口岸落地加工，推动通道经济向口岸经济转型升级。位于中国凭祥东盟水果小镇的凭祥生和堂健康食品有限公司与云鑫利合作社签订采购协议，利用边民每天8000元的关税优惠政策，委托合作社到越南采购优质的凉粉草材料，入境后直接运到厂区进行加工，生产龟苓膏产品，然后销往国内外。盐津铺子在凭祥投资设立广西盐津铺子热带食品有限公司、广西凭祥盐津铺子热带农副产品初加工有限公司，其坚果、热带水果、海洋产品、农副产品等原材料主要来自经友谊关口岸进口的东南亚水果，有力推动了通道经济向口岸经济迈进。据海关统计，截至2021年11月初，凭祥累计有18家落地加工企业、11家签约合作社从事水果、中药材、水产品、凉粉草等的加工，涉及边民5072人，分红总金额1800多万元。① 东兴也大力发展互市商品落地加工，推动边民互市从通道经济向口岸经济升级。截至2021年底，该市有包括水产品、水果、中药材加工等行业的18家登记备案的落地加工企业，惠及边民4076人。其中，位于冲揽工业园区内的东兴市洪福盛农产品加工有限公司，充分发挥边民互市贸易的政策红利和毗邻越南的空间区位优势，通过互市贸易从越南购进胡椒原材料进行加工。② 靖西龙邦产业园重点发展以进口冰鲜海产品、水果、坚果为主的加工产业，截至2022年4月，建成规模以上

---

① 广西壮族自治区外事办公室. 凭祥："边民互市＋落地加工"推动口岸经济升级发展［EB/OL］. http：//wsb. gxzf. gov. cn/xwyw_48149/dfws_48154/t10808675. shtml.
② 广西壮族自治区民族宗教事务委员会. 东兴：边民互市从通道走向口岸经济［EB/OL］. http：//mzw. gxzf. gov. cn/ztzl/zxzt/sswgxtjxbfmxd/t10949233. shtml.

加工企业6家，2021年产值近10亿元。① 位于龙州水口边贸扶贫产业园的广西宇峰食品有限公司在加工越南凉粉草的基础上，计划延伸打造东南亚其他特色产品。② 中国（云南）自由贸易试验区德宏片区依托全国最大的对缅贸易口岸——瑞丽口岸，打造"边民互市—收购加工—产品增值"的贸易新格局。位于中国（云南）自由贸易试验区红河片区河口县富甲咖啡落地加工厂是红河自贸片区第一批中越边民互市落地加工企业。该企业充分利用中越陆路边境口岸的空间区位优势，从互市二级市场收购进口咖啡豆，然后进行筛选、分拣、加工，未来将拓展到腰果、花生等产业领域。③ 勐腊诚康农业食品发展有限公司于2021年4月通过勐满口岸从老挝南塔省进口首批260头屠宰用肉牛，价值超过500万元，实现中老肉牛加工贸易的突破。④ 二是"出口+保税维修+制造聚集"模式。机电产品是我国对东盟出口的主要产品之一，其中越南是主要的出口目的地。据统计，中国对越南的机电产品出口额从2017年的301.84亿美元上升至2021年的695.19亿美元（见图5-10）。与其他产品不同，机电产品的售后维修服务较为繁重。为保障我国制造的机电产品在东盟国家具有良好的售后服务，充分利用西南陆路边境口岸综合保税区的优势，以保税方式将存在部件损坏的货物从境外或境内区外运送到综合保税区进行维修，维修好后再复运至境外或境内区外，节省维修成本和时间，从而吸引相关制造企业聚集。⑤ 由原来的广西壮达国际物流公司转型而来的广西通泽明大供应链有限公司，2021年底从越南进口3台待维修小型农用收

---

① 凌聪，靖西：用足开放政策 持续兴边强边［EB/OL］. 广西区人民政府网站，http://www.gxzf.gov.cn/mlgxi/gxjj/zyjgmlq/t11792787.shtml.
② 罗锦童. 广西龙州：口岸经济转型升级［EB/OL］. https://www.sohu.com/a/547915905_121106875.
③ 中华人民共和国海关总署. 云南河口促进贸易转型升级：互市贸易利企惠民［EB/OL］. 中华人民共和国海关总署网站，http://www.customs.gov.cn/customs/xwfb34/mtjj35/4455725/index.html.
④ 李峙贤. 首批老挝进口肉牛运抵我国［N］. 南方农村报，2021-05-04.
⑤ 广西凭祥综合保税区管理委员会. 中国（广西）自由贸易试验区崇左片区：发展新业态 构建"双循环"［EB/OL］. http://pxzhbsq.gxzf.gov.cn/gzlfz/zdcy/t11401185.shtml.

割机,进入凭祥综合保税区维修,是该区首票保税维修业务。① 瑞丽利用自贸试验区等开放平台,大力发展保税维修等业务,构建跨区跨境的检测维修产业链。日喀则支持有条件的综合保税区企业开展高技术含量、高附加值、符合环保要求的自产出口产品保税维修。可见,西南陆路边境口岸发展以"进口+落地加工""出口+保税维修+制造聚集"方式推动流通产业逆向延伸的关键是政策红利和空间区位优势,其中政策红利包括互市贸易中边民每天8000元的关税优惠以及综合保税区的保税政策。

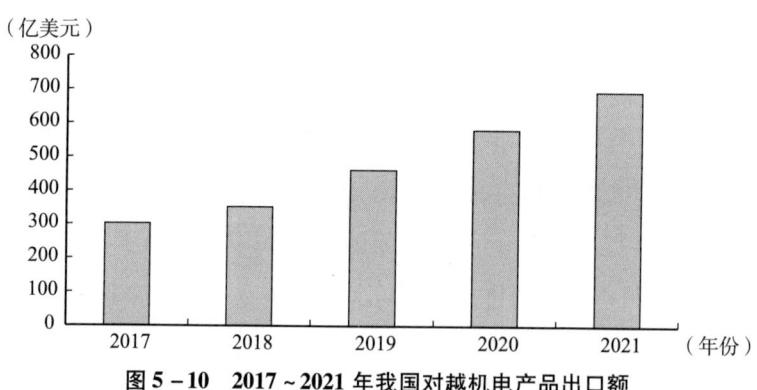

图 5-10 2017~2021 年我国对越机电产品出口额

资料来源:中国海关。

(二) 品牌引领

一是流通企业自有品牌引领。流通企业在充分分析消费者需求的基础上,设立产品自有品牌,然后自产或外包生产,最后由本企业进行销售,从而实现从流通业向制造业的逆向延伸。东兴原以贸易为主的企业通过打造坚果品牌,实现从互市贸易向贸易加工的延伸,提高了产品价值。靖西支持加工贸易企业创建广西出口品牌,或并购境外国际知名品牌,推动加工贸易企业由单纯的贴牌生产向委托设计、自有品牌方式发展。二是区域公共品牌引领。

---

① 廖佳珍,文倩. 广西凭祥综合保税区首票保税维修业务正式落地 [N]. 左江日报,2021-12-19.

充分发挥口岸区域特色,打造区域公共品牌,推动口岸流通业向制造业延伸。东兴充分依托中越边境区位优势和高效、便捷的通关环境,将"东盟红木家具"打造成为继"东兴边贸"品牌后的又一知名区域品牌,推动该市从红木贸易向红木加工的转型升级,促进工业经济高质量发展。凭祥依托集东南亚水果采购、分拣、包装、仓储、加工、综合物流服务等为一体的直发地优势,打造面向东南亚各国的"凭祥直发"公共品牌,进而稳步提升凭祥对外加工贸易发展水平。靖西借助龙邦口岸、岳圩口岸等沿边开发开放的优势,加大"靖西大果山楂""靖西壮锦"等16个区域公共品牌的推广力度,助推其加工贸易转型升级。可见,西南陆路边境口岸流通产业充分利用信息汇集优势,打造企业自有品牌或区域公共品牌,提升口岸产品的价值,推动西南陆路边境口岸产业转型升级。

(三) 产业融合

产业融合是通过构建联通生产与消费的产业链条,促进流通业与加工制造业的相互融合,推动西南陆路边境口岸产业转型升级(见图 5-11)。一是构建进口商品落地加工—商品仓储展示—销售的跨境产业链。2022 年瑞丽与杭州天猫进出口有限公司等签订战略合作协议,共建瑞丽跨境电商产业园,构建进口商品落地加工—商品仓储展示—销售产业链,打造跨境产业创新高地。[①] 2015 年靖西与阿里巴巴(中国)软件有限公司、小绣球跨境电商、上海携程商务有限公司等签署合作协议,促进制造业与服务业融合发展,[②] 推动口岸产业结构转型升级。二是构建生产加工—流通平台—顾客消费的产业链。作为中国翡翠主要集散地的瑞丽,大力构建网络直播销售等流通平台,形成生产加工—流通平台—顾客消费的产业链,加快珠宝产业转型升级。可

---

① 云南省发展和改革委员会. 瑞丽市举行线上签约助推跨境电商创新发展 [EB/OL]. http://yndrc.yn.gov.cn/ydyljs1/79526.
② 林涌泉,陈俊源. 搭建跨境电商合作平台 [N]. 广西日报,2015-12-25.

见，流通业通过联通消费者与生产者，实现与加工制造业的融合，促进西南陆路边境口岸产业转型升级。

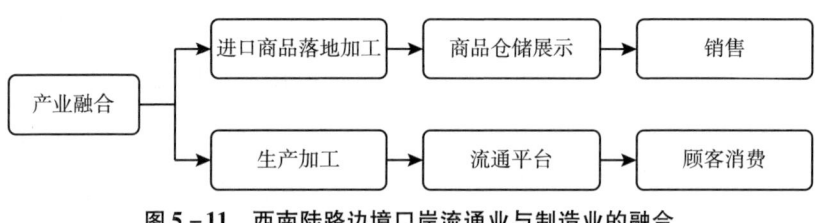

图 5-11　西南陆路边境口岸流通业与制造业的融合

三、西南陆路边境口岸流通业逆向延伸路径比较分析

西南陆路边境口岸流通产业充分利用信息汇集效应与空间区位效应，通过流通加工、品牌引领、产业融合等路径，优化流通渠道和组织结构，满足消费者个性化需求，降低成本，激发创新，推动流通业向制造业延伸（见图5-12）。西南陆路边境口岸流通加工、品牌引领、产业融合等三条逆向延伸路径，从实施角度看是从简单到复杂，从延伸程度看是由浅入深。

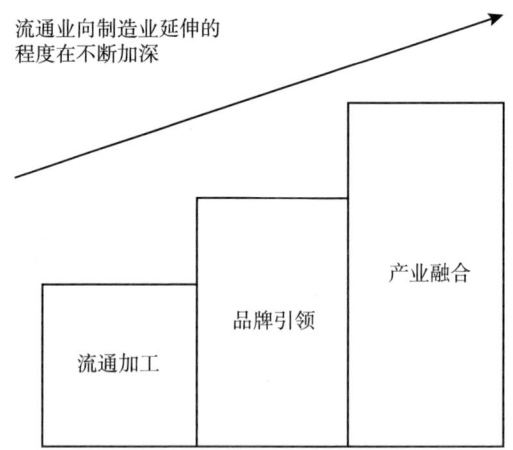

图 5-12　西南陆路边境口岸流通业向制造业逆向延伸的路径比较

第四节　西南陆路边境口岸创新插入研究
——以数字经济为例①

一、数字经济促进西南陆路边境口岸产业转型升级的背景

当前全球经济处于第四次工业革命阶段，数字经济正在蓬勃发展。我国正在加快推动数字经济发展，争取做强做优做大。党的二十大报告提出要加快发展数字经济，促进数字经济和实体经济深度融合。② 根据《中国数字经济发展白皮书》，我国数字经济规模从2017年的27.2万亿元增加至2021年的45.5万亿元，占全国GDP的比重相应地从32.9%上升至39.8%，可见数字经济的规模和占比均呈上升态势（见图5-13）。数字经济蓬勃发展有利于生产要素自由流动，强化高质量数据要素供给，成为产业转型升级的新动力。面对百年未有之大变局，西南陆路边境口岸产业转型升级应创新发展路径，促进兴边富民。因此，本书以数字经济为例，研究西南陆路边境口岸产业转型升级的创新插入路径。

二、数字经济促进西南陆路边境口岸产业转型升级的内在逻辑

数字经济作为一种新经济形态（杨佩卿、张鸿，2019），革新生产方式、

---

① 本节部分内容参考了丘兆逸，魏星，马恩熙. 数字经济对西南陆路边境口岸经济发展的影响及对策［J］. 南宁师范大学学报（自然科学版），2021（2）：143-149.
② 习近平. 高举中国特色社会主义伟大旗帜　为全面建设社会主义现代化国家而团结奋斗——在中国共产党第二十次全国代表大会上的报告［R］. 2022.

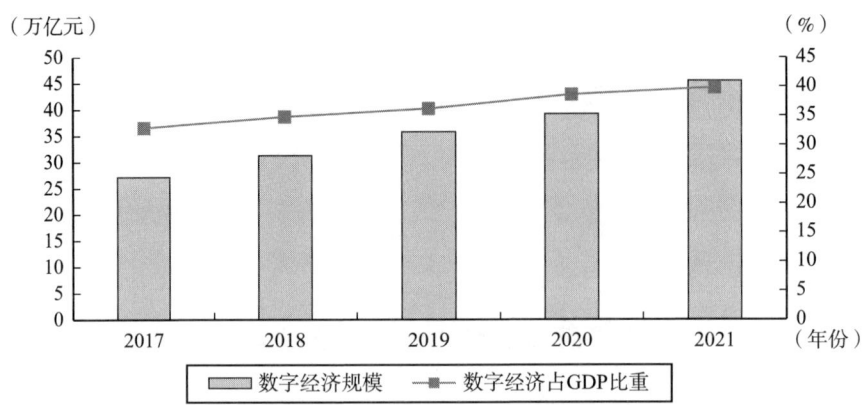

图 5-13　2017~2021 年我国数字经济发展

资料来源：《中国数字经济发展白皮书（2018~2022）》。

优化产业结构和重塑市场模式（李丽，2022），对产业规模与结构产生巨大影响（胡鞍钢等，2016），促进包容性增长（张勋等，2019）。因为作为数字经济核心的新一代信息技术优化了人类获取信息的方式，改变了传统行业的供求匹配模式、价值创造模式（刘立菁、谢毅梅，2020），提升了区域创新能力（温珺、阎志军、程愚，2019），成为促进我国经济增长的新动能（夏炎等，2018）。并且数字经济发展对产业转型升级的影响过程具有边际报酬递增的后发优势（白争辉、原珂，2022），其中当产业结构升级与人力资本存量跨越某个门槛值后，数字经济发展对就业结构的影响会出现跨越式提升（叶胥、杜云晗，2021）。然而，目前数字经济仍然处于快速发展中，尚未形成成熟完整的体系，包含了太多的不确定性（修明月、王娜、姜迎雪，2022）。因而数字经济应用于产业发展的过程中存在很多不规范的问题，市场乱象时有发生，一旦治理出现差错可能不仅无法促进产业转型，还会对产业发展带来阻碍（丁慧敏，2022）。梳理上述文献发现，有关数字经济对陆路边境口岸产业转型升级影响的研究还比较稀缺。因此本节在现有文献基础上，以数字经济为例，研究创新插入对西南陆路边境口岸产业转型升级的内在逻辑。

第五章 |"一带一路"背景下西南陆路边境口岸产业转型升级的路径选择

（一）数字经济的物理空间弱化效应促进西南陆路边境口岸产业转型升级

在数字经济背景下，西南陆路边境口岸通过信息技术加强与中心区域的联系，弱化了其与国内经济发展中心相距较远的劣势，并形成了线上融合的产业虚拟集聚新形态，促进产业转型升级。由于线上集聚的任意两个企业之间的信息空间距离几乎为零，使得上下游企业之间、生产者与消费者之间的联系更紧密，从而弱化产业融合发展的地理距离约束（谭洪波，夏杰长，2022）。此外，西南陆路边境口岸可利用远程技术等，共享东部发达地区优质医疗服务，缓解当地公共卫生资源的不足，为其产业转型升级提供公共卫生支持。

（二）数字经济的长尾效应促进西南陆路边境口岸产业转型升级

数字经济的长尾效应是指数字经济通过增强商家与客户的实时互动而形成的个性化需求市场。具体表现为，数字集聚效应促使过去小众市场的规模扩大，形成长尾效应。因此，企业或平台的销售不再只关注需求曲线上那些最畅销的商品，而是更加重视那些"冷门商品"，甚至曾被人遗忘的商品。在此背景下，西南陆路边境口岸为规避与中心区域所产生的大众化产品产生的正面竞争，可根据自身的资源，开发独特产品，从而推动产业转型升级。此外，西南陆路边境口岸可充分利用信息汇集效应的优势，与国内外客户进行互动，了解不同人群的需求。

（三）数字经济的优势再造效应促进西南陆路边境口岸产业转型升级

数字经济进一步凸显西南陆路边境口岸的信息汇集效应，从而形成优势再造。西南陆路边境口岸作为我国连接东南亚、南亚等的窗口，汇集了规模大、流转速度快、类型多样和价值密度低的大数据，[①] 形成了其他要素不可

[①] Manyikaj, Chuim, Brownb, et al. Big Data: The Next Frontier for Innovation, Competition, and Productivity [R]. 2011.

替代的要素优势，对促进产业转型升级具有重要意义。与工业经济时期沿边发展主要依托区位优势发展出口加工（Rauch，1991）相比，① 以数据要素为支撑的数字经济拓宽了西南陆路边境口岸产业转型升级的路径。大数据加强了各类产业之间的联系，增强其契合度，为西南陆路边境口岸产业创新发展、结构转型升级提供了新的引擎。大数据加速传统产业改革，不断催生新兴产业，如网络购物、网络金融等（高玲，2022）。在数字经济背景下，企业内部搭建起网络化、技术化、智能化的数字链接平台，提升了生产效率。企业之间数据资源共享平台有利于实现产业间设备等生产资料的共享，形成新的发展动能，推动西南陆路边境口岸产业转型升级（白雪洁、宋培、李琳，2022）。

可见，数字经济通过物理空间弱化效应、长尾效应、优势再造效应促进西南陆路边境口岸产业转型升级（见图5–14）。

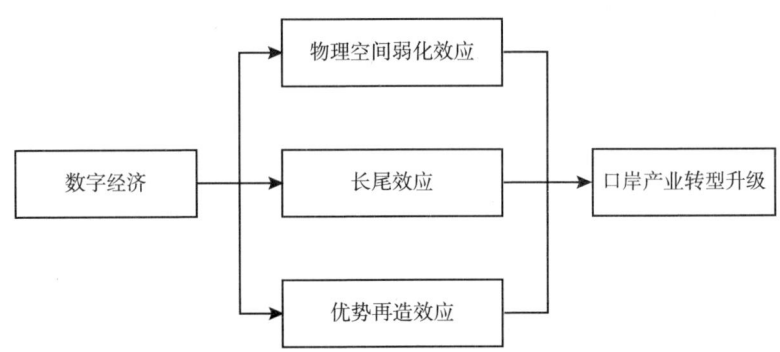

图5–14　数字经济促进西南陆路边境口岸产业转型升级的逻辑

三、数字经济促进西南陆路边境口岸产业转型升级的成效分析

（一）模型构建

为检验数字经济对西南陆路边境口岸产业转型升级的影响，本节采用面

---

① Rauch J. Comparative Advantage, Geographic Advantage and the Volume of Trade [J]. The Economic Journal, 1991 (101): 1230–1244.

板门槛模型分析数字经济对产业转型升级的影响。其中,产业转型升级(IS)为被解释变量 Y,产业转型升级指数是对口岸所在地级市第一、第二、第三产业按1、3、2的占比计算;将数字经济(DFII)作为被解释变量,具体用北京大学数字经济研究中心和蚂蚁金服集团合作编制的数字普惠金融指数来衡量。以数字经济为门槛变量,以空间区位效应(P,以口岸个数衡量)、对外开放程度(IE,以进出口总额占GDP的比重衡量)为控制变量,构建如下模型。

单门槛回归模型:

$$y_{it} = \alpha_1 x_{it} \times I(p_{it} \leq \beta) + \alpha_2 x_{it} \times I(p_{it} > \beta) + \mu_i + \varepsilon_{it} \quad (5-11)$$

双门槛回归模型:

$$y_{it} = \alpha_1 x_{it} \times I(p_{it} \leq \beta_1) + \alpha_2 x_{it} \times I(\beta_1 < p_{it} \leq \beta_2) + \alpha_3 x_{it} \times I(p_{it} > \beta_2) + \mu_i + \varepsilon_{it}$$

$$(5-12)$$

其中,y_{it} 为被解释变量;α 为不同门槛值的估计系数,x_{it} 为解释变量,p_{it} 为门槛变量,β 为门槛值,μ_i 表示无法估测的个体固定效应,I 表示函数,ε_{it} 为随机扰动项。i、t 分别表示口岸、年份。需要补充说明的是,上述式(5-11)与式(5-12)分别是单一门槛与双门槛的情况,若存在更多个门槛,指示性函数的数量将相应增加。

(二)数据来源和分析

基于数据可获性等原因,本节研究样本选取广西和云南的陆路边境口岸所在地级市,研究期间为2011—2020年。主要数据来源于《国际统计年鉴》《广西统计年鉴》《云南统计年鉴》《北京大学数字普惠金融指数》,其中部分缺失数据利用趋势外推法补齐。

如图5-15所示,我国的数字经济实现了跨越式发展,其指数均值从2011年的40上升到2020年的341.22。西南陆路边境口岸数字经济指数均值从2011年的41.5上升到2020年的236.63,虽有所增长,但其总体低于全国的均值,并且低于桂滇的整体水平。这是由于西南陆路边境口岸的数字经济发展受产业基础设施、技术水平等方面的制约,导致增长动力不足、数字产业发展水平较低。

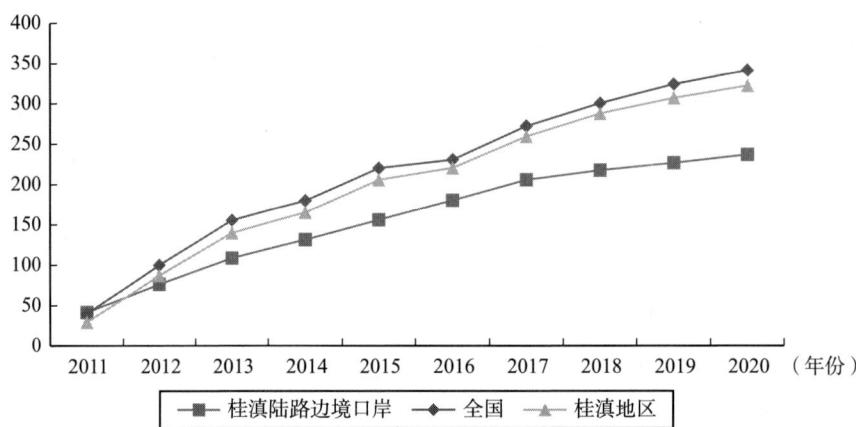

图 5-15　2011~2020 年桂滇陆路边境口岸与桂滇及全国的数字经济水平比较

资料来源:根据《北京大学数字普惠金融指数》中的数据测算。

(三) 实证结果分析

1. 门槛设定

在进行具体检验分析之前,首先通过 Bootstrap 检验法进行重复抽样 300 次来确定具体门槛回归模型,具体结果见表 5-13。从该表可以明显地看出,单一门槛效应与三重门槛效应不显著,双重门槛效应显著,即数字经济对西南陆路边境口岸产业转型升级存在非线性的影响,因此确定采用双重门槛效应进行检验。

表 5-13　　　　　　　　门槛效应检验结果

门槛	F 统计量	P 值	10%	5%	1%
单一门槛	8.72	0.4000	30.5668	21.7293	16.5241
双重门槛	12.35	0.0900	23.0192	18.5234	14.6722
三重门槛	3.84	0.5900	38.4021	16.7466	12.0296

在数字经济促进西南陆路边境口岸产业转型升级的双重门槛检验模型中,数字经济作为门槛变量的第一门槛值与第二门槛值分别为 10.5276 和 10.5315,95% 置信区间分别为 10.4949～10.5315 和 10.4972～10.5490,具体见表 5-14。

表 5-14 门槛估计值及置信区间

项目	门槛估计值	95%置信区间
第一门槛值 β_1	10.5276	[10.4949, 10.5315]
第二门槛值 β_2	10.5315	[10.4972, 10.5490]

为进一步验证门槛估计值是否真实有效,构建门槛效应检验 LR 函数图(见图 5-16)。其中,左图的第一门槛估计值为 10.5276,右图的第二门槛估计值为 10.5315,两者均落在 95% 置信区间内,即位于图中虚线以下的部分,表明门槛估计值真实有效。

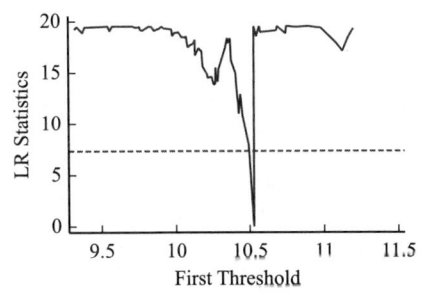
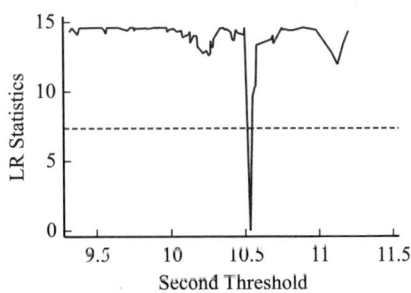

图 5-16 门槛效应检验 LR 函数图

2. 回归结果分析

门槛回归具体结果见表 5-15。结果表明,在数字经济发展的不同阶段,其对西南陆路边境口岸产业转型升级存在不同程度的影响。当数字经济水平小于第一门槛值时,此时门槛回归系数为 2.126,且在 1% 的水平上显著为正,表明其对产业转型升级具有积极正向促进作用;当数字经济水平介于第一门槛值与第二门槛值之间时,此时门槛回归系数达到巅峰值 2.134,同时也在 1% 的水平上显著为正,其对产业转型升级的正向影响变大;当数字经济水平大于第二门槛值时,此时门槛回归结果系数为 2.127,且在 1% 的水平上显著为正,其对产业转型升级的促进作用稍有下降。这与郭东杰等(2022)与王瑞荣(2022)的研究相类似,证实数字经济促进全国制造业、绍兴纺织产业的升级。不同的地方是,本节发现了其中影响的差异性。其中的原因可能是,数字经济与传统产业之间存在一定的最优配置空间。此外,空间区位效应($\ln P$)和对外开放程度(IE)对口岸产业转型升级具有积极贡献,此与第四章的相关检验相一致。

表 5-15　　　　　　　　面板门槛回归结果

变量	系数	标准差	t 值	P 值
$con(con \leq \beta_1)$	2.126 ***	0.026	81.08	0.000
$con(\beta_1 < con \leq \beta_2)$	2.134 ***	0.026	81.25	0.000
$con(con > \beta_2)$	2.127 ***	0.026	82.01	0.000
$\ln P$	0.004 *	0.0006	2.16	0.056
IE	0.002 **	0.0006	1.77	0.038
cons	0.523 ***	26.65	27.24	0.000
样本量	110			
R^2	0.999			

注:***、** 和 * 分别代表 1%、5% 和 10% 的显著性水平。

四、西南陆路边境口岸发展数字经济新兴产业的具体路径

西南陆路边境口岸应充分发挥信息汇集效应,围绕数字产业化和产业数

字化来推动数字经济发展。依托沿边金融综合改革试验区，发布中国东盟货币指数，为桂滇陆路边境口岸产业转型升级提供金融支持；依托特色产品贸易优势，发布中国—东盟水果、红木、玉器等行业指数，提升我国在相应市场中的话语权，促进特色贸易发展。充分发挥西南陆路边境口岸的要素差异化效应，利用邻国的劳动力资源建设数字工厂（如数据标注），参与数字经济全球价值链。充分利用数字经济长尾效应，实施差异化的区域发展战略，开发利基市场。充分发挥边境仓比海外仓运营风险更低的优势，布局面向东南亚、南亚的边境仓，带动相关生产企业向西南陆路边境口岸集聚。

第五节 本章小结

梳理本章提出的"一带一路"倡议背景下承接转移、逆向延伸、创新插入三条西南陆路边境口岸产业转型升级路径发现，其针对的产业各有侧重。其中，承接转移主要针对的是劳动密集型或资源密集型制造业，是西南陆路边境口岸产业转型升级、服务和融入国家新发展格局的主要途径；逆向延伸主要针对流通业，是西南陆路边境口岸利用自身的基础推动产业转型升级的途径；创新插入主要针对数字经济新兴产业，带动传统产业数字化转型升级，是西南陆路边境口岸未来产业转型升级的重要方向（见表5-16）。其中，承接转移和逆向延伸两条路径主要针对其现有产业。利用"一带一路"倡议导致的西南陆路边境口岸空间区位效应与要素差异化效应强化，承接我国东部产业转移，如有色金属铸造、钨钼、稀土及其他稀有金属冶炼等产业；利用了解国内外消费需求变化的信息优势，推动从流通向制造逆向延伸。创新插入主要通过"一带一路"倡议强化西南陆路边境口岸信息汇集效应，发展数字经济新兴产业，抢占未来产业发展的先机，带动口岸产业转型升级。

表5–16　西南陆路边境口岸产业转型升级路径的选择

转型升级路径	主要针对的产业
承接转移	劳动密集型与资源密集型制造业
逆向延伸	流通业
创新插入	数字经济新兴产业等，并带动传统产业数字化

| 第六章 |

"一带一路"背景下西南陆路边境口岸产业转型升级的实现机制

本章主要从跨境、省际、口岸(地方)三个层面,研究把"一带一路"倡议所强化的西南陆路边境口岸三大效应转化为产业转型升级的机制。其中,完善口岸要素跨境流通、产业跨境合作等机制,有利于充分释放陆路边境口岸效应。强化西南边境省区内部及其与东部之间的省际合作,有利于降低产业转型升级成本。加强西南陆路边境口岸的海关、地方政府、企业协同,及其与其他沿边开放平台合作,有利于合力推动产业转型升级落地生根。

第一节 完善跨境合作机制，充分释放陆路边境口岸效应

一、完善要素跨境流通机制

一是完善要素跨境流通的渠道。边境口岸是要素跨境流通的主要渠道，而双边建设不同步影响其畅通。中越边境的中国硕龙口岸、中缅边境的中国清水河口岸等设施已建成，而邻国通道建设滞后，影响要素跨境流通。为此，应加强与西南陆路边境邻国的沟通协调，争取双边口岸同步建设，促进基础设施互联互通。加快推动跨境道路运输协定的签订，允许西南陆路边境口岸客货运输交通工具按照规定线路到达对方国家其他地区。二是逐渐取消限制要素跨境流通的壁垒。积极通过谈判取消缅甸对我国卷烟、虾丸等产品进口的禁止及对土豆等产品的进口限制。加强与越南相关部门沟通，争取其他东盟国家互市商品通过东兴—芒街互市区等通关入境，拓展西南陆路边境口岸的要素差异化效应。三是完善要素跨境流通的平台支撑。西南陆路边境口岸与邻国的跨境劳务合作方式大多通过熟人介绍，缺乏相对规范的第三方平台来统筹，难以适应大规模的跨境劳务合作。因此应建立跨境区域劳动力共同市场，打破劳动力跨境流动的障碍。越南、缅甸等邻国向我国输入的劳动力由于教育水平不高、掌握的劳动技能有限，大多从事相对简单的工作。[①] 根据《2019年全球竞争力报告》（见表6-1），越南和老挝的劳动力技能水平在全球排名中均处于中下游水平，中国、越南、老挝劳动

---

① 张鑫. "一带一路"倡议下西南跨境劳务合作机制构建［J］. 学术探索，2017（7）：47-54.

力技能在全球的排名分别为第 37、第 103、第 73 位。为此，西南陆路边境口岸应在吸引国外劳动力的同时建立国际人才技能培训中心、人力资源服务中心。进一步优化人才工作生活环境，吸引更多邻国高端人才到西南边境口岸创业。

表 6–1　2019 年中国、越南、老挝劳动力技能及相关指标在全球的排名

国家	员工培训范围	职业培训质量	毕业生技能	找到熟练工的容易度	劳动力技能
中国	38	41	35	41	37
越南	73	102	116	96	103
老挝	69	97	55	67	73

资料来源：Klaus Schwab, World Economic Forum. The Global Competitiveness Report 2019 [R]. 2019.

二、完善跨境产业合作机制

（一）增强跨境市场需求对接

考虑到邻国市场潜力巨大，因此本书主要考虑对接邻国基础设施建设与中间产品的市场需求，增强跨境合作的动能，从而更好释放西南陆路边境口岸效应，促进口岸产业转型升级。考虑到东盟是"一带一路"合作的重要区域，且其经济发展较快，因此本书主要研究我国西南陆路边境口岸如何对接越南、老挝、缅甸市场，充分释放口岸效应，促进产业升级。

1. 紧密对接邻国基础设施建设市场需求

西南陆路边境口岸邻国基础设施建设市场的需求潜力巨大，其中的主要

原因有：一是越南、老挝、缅甸城镇化率的提升空间大。2020年上述三国的城镇化率分别为37.34%、36.30%、31.10%，分别比全球平均水平低18.86个百分点、19.90个百分点、25.10个百分点（见图6-1），尚处于城镇化进程中，需要大量的有色金属、建材等。

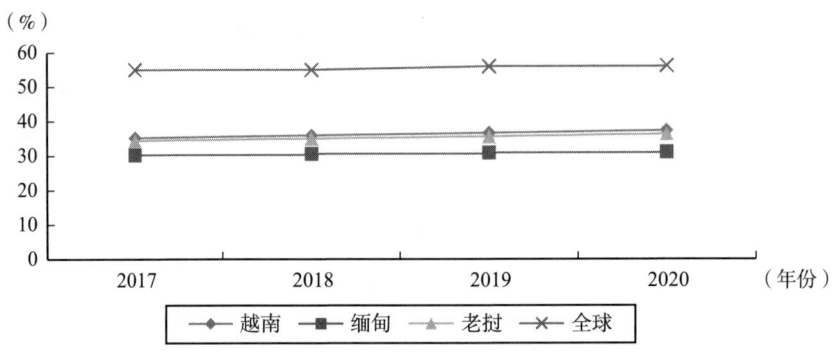

图6-1 2017~2020年越南、老挝、缅甸与全球的城镇化率比较

资料来源：世界银行数据库。

二是邻国的基础设施亟须加强。根据世界经济论坛《2019年全球竞争力报告》中的全球基础设施排名（见表6-2），越南、老挝的基础设施排名分别为第77、第93位，表明其基础设施相对落后，尤其是机场连接度和公路连接度方面。缅甸更是如此，至今其国内仅有一条高速公路，与周边5个邻国尚无一条铁路或高速公路相通。根据亚洲开发银行的研究报告，基础设施是制约越南发展的主要挑战，是老挝、缅甸的次要挑战。[①] 因此，为了发展经济，西南陆路边境口岸邻国正在大力建设基础设施，需要大量的有色金属、建材等。

---

① Asian Development Bank Institute. ASEAN 2030—Toward a Borderless Economic Community [R]. 2014.

表 6-2　　2019 年越南、老挝的基础设施在全球的排名

国家	基础设施	通电率	供水可靠性	铁路密度	铁路服务效率	公路连接度	公路质量	班轮连接度	海港服务效率	机场连接度
越南	77	84	81	58	54	104	103	19	83	22
老挝	93	96	93	—	—	126	89	—	115	88

注：数值越小说明排名越靠前，—表示数据缺失。
资料来源：Klaus Schwab, World Economic Forum. The Global Competitiveness Report 2019 [R]. 2019.

三是西南陆路边境口岸邻国的经济发展较快（见图 6-2）。① 越南 GDP 从 2010 年的 1472 亿美元增加至 2021 年的 3626.4 亿美元，年均经济增速达到 8.54%，比全球同期平均水平高出 5.15 个百分点。越南计划到 2025 年优先发展用于工业生产的机器设备、汽车及零配件、钢铁；2025 年后优先发展造船业、有色金属和新材料。老挝 GDP 从 2010 年 71.3 亿美元增加至 2021 年的 188.3 亿美元，年均经济增速达 9.23%，比全球平均水平高出 5.84 个百分点。缅甸的 GDP 从 2010 年的 378 亿美元增加至 2021 年的 650.7 亿美元，年均增长 5.06%，比全球平均水平高出 1.67 个百分点。可见，我国西南陆路边境口岸邻国经济正处于快速发展阶段，对有色金属、化工、建材等的需求巨大。

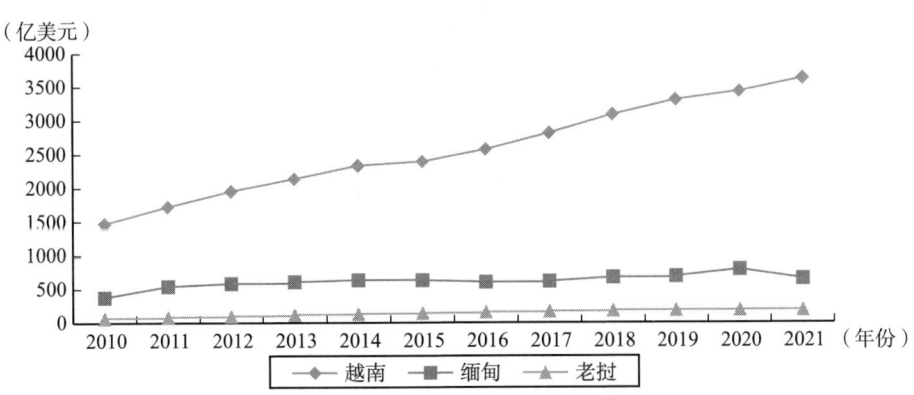

图 6-2　2010~2021 年越南、缅甸、老挝国内生产总值

资料来源：世界银行数据库。

① UNCTAD. ASEAN Investment Report 2019 [R]. 2020.

西南陆路边境口岸邻国的矿产等资源丰富。根据美国地质调查局统计，2022年越南铝土矿储量占全球总储量的18.51%，位居全球第二（见图6-3）。老挝的资源密集型产业具有优势，目前已发现金、铜、铁、铝土矿、钾盐、锡、铅、锌、煤等20余种矿产。从老挝2019年FDI流入行业分布（见表6-3）可以看出，矿产行业的投资额排名第二，占比接近50%，可见该国矿产资源具有优势。另据老挝《经济社会报》报道，2020年该国共有214家地质调查和矿产开发公司，已获批开展的相关项目有319个，作业面积达728万公顷，占其国土面积的30.75%。缅甸具有丰富的石油、天然气、钨、锡、铅、银、镍、锑、金、铁、铬、玉石等资源，我国的振华石油公司自2011年以来就在缅甸进行石油勘探开发工作，[①] 2018年以后来自亚洲其他国家、欧盟、美国等的跨国公司在缅甸的矿产资源开采活动十分活跃。

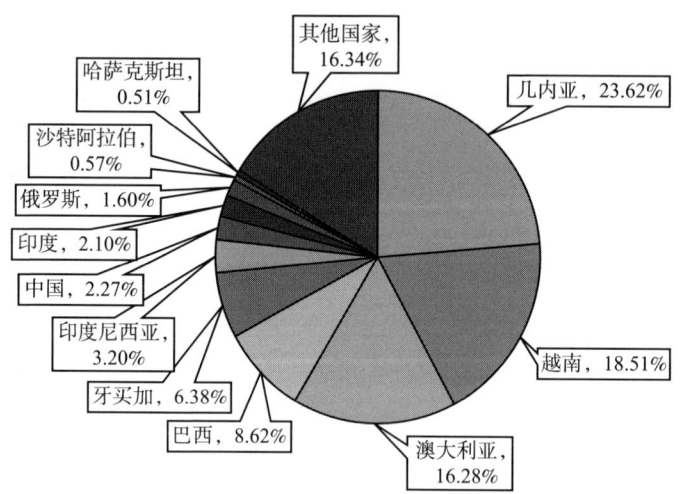

图6-3　2022年全球铝土矿资源分布

资料来源：USGS. Mineral Commodity Summaries 2023 [R]. 2023.

---

① UNCTAD. ASEAN Investment Report 2019 [R]. 2020.

表 6-3　　　　　　　　2019 年老挝 FDI 流入的行业分布

序号	行业	投资额（百万美元）	比重（%）
1	电力行业	1217.40	52.43
2	矿产行业	1005.91	43.32
3	农业	47.55	2.05
4	服务业	44.77	1.93
5	咨询行业	4.50	0.19
6	教育行业	1.18	0.05
7	贸易行业	0.49	0.03

资料来源：东盟秘书处。

为此，西南陆路边境口岸应精准对接邻国基础设施建设市场需求，增强跨境合作的动能，充分释放口岸效应，发展有色金属、化工、建材等资源密集型产业。具体而言：一是对接邻国有色金属需求。我国百色、崇左等的有色金属产业发展具有较好的基础，其中 2020 年百色拥有铝业企业共 62 家。而如前所述，越南铝土矿储量位居全球第二（2022 年），老挝在有色金属采选行业中也具有优势。因此西南陆路边境口岸应对接邻国有色金属的市场需求，充分释放口岸的空间区位效应、要素差异化效应、信息汇集效应，强化与越南、老挝、缅甸等邻国在矿产资源开采加工上的合作，从而推动东部转移的有色金属产业在防城港、崇左、百色、红河等落地生根。二是对接邻国化工需求。我国防城港、百色和保山等的化工产业具有一定基础。如防城港有大型磷化工产业基地，不断引导化工产业向循环化、生态化发展；百色的重点化工项目有广西田东青林香料有限公司的天然有机化工产品项目、田东年产 10 万吨的氯化聚乙烯项目等；[①] 保山着力发展烧碱、乙炔、氯乙烯、聚

[①] 广西百色市人民政府. 百色市国民经济和社会发展第十四个五年规划和 2035 年远景目标纲要 [EB/OL]. http://www.baise.gov.cn/zwgk/jcxxgk/wjzl/zfwj/bzf/t9557789.shtml.

氯乙烯、助剂等产品，做实做强氯碱化工产业。① 因此防城港、百色、保山等应贯彻绿色发展理念，对接邻国化工需求，充分利用邻国丰富的化工原料，合理布局石油化工、有机化工、氯碱化工等，采用低污染、低耗能的先进化工技术，构筑发展新优势。三是对接邻国建材市场需求。我国百色、西双版纳、保山、怒江、日喀则等充分对接邻国的基础设施建设市场需求，推动建材产业发展。此举既有利于促进我国西南陆路边境口岸的建材产业发展，又有利于增强与邻国的互联互通。为更好地对接邻国建材市场、推动西南陆路边境口岸跨境建材产业高质量发展，应提升优质原料资源的供应能力。老挝等邻国拥有大量的木材等原材料，我国西南陆路边境口岸可对邻国相关原材料进口采取优惠政策，推动设立相关口岸为邻国木材等原材料进口指定口岸，扩大西南陆路边境口岸高端木材等原材料的进口规模，从而更好地释放口岸效应，加快建材产业发展。

2. 积极对接邻国中间产品市场需求

西南陆路边境口岸邻国的技术密集型产业发展相对滞后。2020年我国是越南的最大进口来源国，其自华进口总额达到842亿美元，其中进口最多的两类产品分别是计算机、电子产品和零配件（184.5亿美元）及机械设备、工具和零配件（170亿美元）。老挝主要凭借自身的自然资源来发展经济，大部分工厂缺乏先进技术，因而主要从事诸如服装加工和电子设备组装之类的初级加工制造。缅甸以劳动密集型产业为主，如食品加工、纺织服装等，再加上基础设施落后，经常面临限电的困扰，难以发展技术密集型产业。而面对全球数字经济的蓬勃发展，西南陆路边境口岸邻国纷纷发展电子等技术密集型产品的加工或组装，从而需要大量的中间产品。且西南陆路边境口岸邻

---

① 保山市人民政府. 保山市国民经济和社会发展第十四个五年规划和2035年远景目标纲要 [EB/OL]. http：//www. baoshan. gov. cn/info/egovinfo/1001/zfxxgkpt/zfxxgkptzn-content/01525502 - 2 - / 2021 - 0525003. htm.

第六章 "一带一路"背景下西南陆路边境口岸产业转型升级的实现机制

国的劳动力丰富，可以满足部分技术密集型产业生产环节（零部件生产）的劳动力需求。因此，西南陆路边境口岸应紧密对接邻国技术密集型产业的中间产品市场，强化跨境合作，更好地释放口岸效应，推动电子零部件等技术密集型产业发展。

具体以电子零部件为例，我国西南陆路边境口岸应积极对接邻国巨大的电子中间产品市场，充分释放空间区位效应、要素差异化效应、信息汇集效应，创新发展电子零部件生产。据测算，2013~2020年老挝的电子及通信设备制造的竞争力指数仅为0.31，[①] 优势不足，其国内的电子辅助行业不能满足该行业本地化需求。同期越南电子产业等的竞争力指数为2.65，但是本地化率较低。越南工贸部工业局曾表示，其电子产业发展还处在初级阶段，高度依赖外资企业生产，国产化率还较低。[②] 截至2020年10月，越南电子、信息技术和电信与专用电子和高科技产业本地化率仅分别为15%和5%。[③] 越南本土企业未能进行电子产品深加工，难以生产科技含量高的产品，故市场上出售的电子产品大部分是原装进口或组装产品，且组装所需零部件主要依靠进口。2020年越南进口超750亿美元的电子产品零部件，说明其本土企业能提供的电子产品零部件较少。根据越南中央统计局的统计数据显示（见图6-4），其电子产品、电脑及其零件的进口额一直大于其出口额。我国崇左、文山等地的稀土资源丰富，其中崇左稀土是世界上罕见的重稀土，储量达30多万吨。稀土材料是电子材料的重要原材料，特别是在电子陶瓷材料中，稀土的电磁功能具有重要作用。[④] 因此，我国崇左、文山等应紧密对接邻国的电子零部件需求，在巩固发展现有的原料加工基础上，积极发展多晶硅、电子切

---

① 采用显示性竞争优势指数进行测算，具体用出口的比较竞争优势减去该产业进口的比较竞争优势，从而得到该产业的真正竞争优势，用于衡量两国在生产要素跨境流动背景下产业国际竞争力。
② 中华人民共和国驻越南社会主义共和国大使馆经济商务处. 越南电子产业发展快但国产化率还较低 [EB/OL]. http://vn.mofcom.gov.cn/article/jmxw/202205/20220503310942.shtml.
③ 中华人民共和国驻胡志明市总领事馆经济商务处. 越南发展配套产业：关键是下游产业 [EB/OL]. http://www.mofcom.gov.cn/article/i/jyjl/j/202010/20201003007769.shtml.
④ 杨丽，张文灿，郭咏梅. 稀土在电子功能材料领域的应用 [J]. 稀土信息, 2020 (5): 7-12.

片等下游中间产品。为提高在邻国市场的竞争优势，西南陆路边境口岸应重点引进东部电子龙头企业。为便于运送电子零部件到邻国进行组装，建议共建西南陆路边境口岸跨境电子产业园，探索"两国两园"的电子产业联动发展新模式，构建西南陆路边境口岸生产、越南等邻国组装的上下游产品共生新格局。

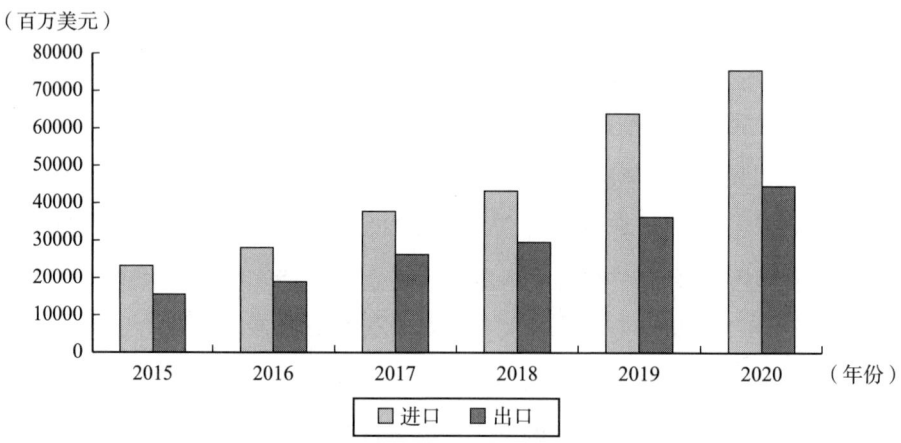

图 6-4　2015～2020 年越南电子产品、电脑及其零件进出口额

资料来源：越南中央统计局。

（二）构建跨境特色合作品牌

以纺织、食品、医药等西南陆路边境口岸特色产业为基础，打造跨境特色合作品牌，有利于增强跨境合作的附加值，带动更多的跨境合作，从而更好释放口岸效应，助推产业转型升级。上述特色产业主要属于劳动密集型与资源密集型产业，而西南陆路边境口岸邻国的劳动力成本具有优势。本书第四章从人均 GDP 角度比较了我国西南陆路边境口岸与主要邻国的劳动力成本差异，本节采用月最低工资标准，进一步比较我国广西、云南、西藏与越南、缅甸的劳动力成本差异（见表 6-4）。其中，2020 年缅甸的月最低工资标准

为534元，仅为我国广西的30%~37%。跨国劳动力主要在其相邻地区务工，因此越南、老挝、缅甸的廉价劳动力主要跨境转移到广西、云南等陆路边境口岸进行务工。因此西南陆路边境口岸打造跨境特色合作品牌，有利于深化跨境合作，充分释放西南陆路边境口岸的要素差异化效应，促进产业转型升级。此外，跨境合作也有利于释放西南陆路边境口岸的空间区位效应与信息汇集效应，助推产业转型升级。

表6-4　　　2020年中国西南省区与邻国最低工资标准比较

项目	中国广西	中国云南	中国西藏	越南	缅甸
最低工资标准（元）	1430~1810	1350~1670	1650	915~1318	534

注：越南、缅甸的月最低工资标准按2020年汇率折算为人民币。
资料来源：根据我国人力资源和社会保障部、商务部及越南劳动和社会事务部的相关网站资料整理。

具体而言，一是打造跨境特色纺织合作品牌。保山应依托工贸园区，积极利用跨境劳务合作，以民族服饰文化为引领，融合东南亚南亚各民族的服装服饰文化，重点发展纺纱、服装、产业用纺织品等轻纺产品，开发生产纺织纤维的高端终端产品，拓展个性化精纺市场，打造跨境特色纺织合作品牌。二是德宏应依托国家"东桑西移"战略，积极建设境外种植基地，打造种养加销一体化的跨境丝绸合作品牌。三是打造跨境特色食品与医药合作品牌。崇左应在持续推进中国凭祥东盟水果小镇建设的基础上，推动广西·中国糖业产业园、广西糖业休闲食品产业园等建设，打造东盟生鲜食品加工基地品牌。百色应做大做强"百色芒果、百色番茄、百色红茶、百色山茶油"等农产品区域公用品牌，争取在邻国设立种植基地，打造特色农业合作示范区品牌。据统计，2018~2020年，越南年均稻谷产量为2822.1万吨，而年均消费为2197.3万吨，[1] 平均每年出口稻谷624.8万吨。为此西南陆路边境口岸

---

[1] OECD/FAO. OECD-FAO Agricultural Outlook 2021-2030 [EB/OL]. OECD Publishing, Paris, https://doi.org/10.1787/19428846-en.

应依托越南等全球大米主要出口国,争取在防城港等地布局一批大米加工基地,并在此基础上形成完善的特色食品加工体系,打造跨境特色食品加工品牌。崇左与德宏分别依托宁明爱店中草药集散地、瑞丽中药材交易市场,积极利用邻国的中药材资源,做大做强中医药专业市场,打造跨境特色医药合作品牌(见表6-5)。

表6-5　部分西南陆路边境口岸的主要跨境特色合作品牌

口岸	主要跨境特色合作品牌
防城港	跨境特色食品加工
百色	跨境特色农业合作示范区
崇左	东盟生鲜食品加工基地、跨境特色医药合作
保山	跨境特色纺织合作
德宏	跨境丝绸合作、跨境特色医药合作

(三)构建跨境合作支点

西南陆路边境口岸应积极把我国在邻国的国家级境外经贸合作区打造成跨境合作的支点(见表6-6),提升跨境合作效果,从而进一步释放口岸的三大效应,促进口岸产业转型升级。西南陆路边境口岸可利用中国·老挝万象赛色塔综合开发区等对当地的资源进行粗加工,然后再进口至口岸进行深加工,此举有利于带动当地经济发展,降低原料的运输成本。西南陆路边境口岸还可把资源密集型产业的装配环节等布局到越南龙江工业园区等,有利于开拓邻国市场。为此,西南陆路边境口岸应进一步加强与我国在邻国的国家级境外经贸合作区的合作,夯实跨境合作的支点。

表6-6   我国在老挝、越南的国家级境外经贸合作区

国家	合作区名称	成立年份	主要产业
老挝	中国·老挝万象赛色塔综合开发区	2010	林木加工、农产品加工、轻工纺织、机械制造、房地产开发、综合服务业
	中国老挝磨憨—磨丁经济合作区	2016	商贸金融、文化旅游、教育医疗和加工制造
	老挝—中国现代农业科技示范区	2017	水产养殖、种植（水稻等）、农业技术服务
越南	龙江工业园	2007	电子、冷却设备等行业，机械装配工业，木材制品行业，家居用品、家用设备行业，橡胶行业
	越南中国（海防—深圳）经贸合作区	2016	轻工业
	百隆（越南）纺织园区	2016	纺织、服装

资料来源：中国国际贸易促进委员会网站。

三、完善跨境文化卫生合作机制

跨境文化交流有利于促进民心相通，跨境卫生合作有利于保障双方边民的健康，为跨境要素流通及其需求对接等提供良好的环境。

（一）完善跨境文化交流机制

充分利用西南陆路边境民族跨境而居、民俗相近等特点，开展庙会、歌坡节、体育友谊赛等交流活动（见表6-7）。其中，我国广西与越南山水相连，双方具有良好的文化交流基础。2019年凭祥上石的北帝宫庙会期间（正月十四），举办中越足球、象棋、拔河等双边群众喜闻乐见的活动，吸引越南同登、谅山等地群众参与，促进了跨境文化交流。位于中越边境的广西宁明县爱店镇的旺英屯，与越南谅山省禄平县三叉乡那刚屯相邻，每年农历二

月初四、三月二十一都举办歌坡节，吸引上万名中越群众及游客参加，是中越边民文化交流的重要平台。未来应创新跨境文化交流的机制，为西南陆路边境口岸产业转型升级提供基础。加大推进"国门文化"交流中心等文化基础设施建设，提升口岸的中国文化元素的表现力度，把西南陆路边境口岸打造成双方边民文化联通、感情互通的平台。积极利用大数据等新兴技术，创新"政府＋高校＋企业"的合作模式，搭建西南陆路边境口岸的跨境教育合作平台，为跨境产业合作提供人才和技术支撑。

表6-7　　　　西南陆路边境口岸主要民间跨境文化交流活动

序号	口岸	跨境文化交流活动
1	东兴	中国东兴与越南芒街元宵足球友谊赛
2	凭祥	中越（上石）民俗文化节暨北帝宫庙会
3	宁明	"二月二"的庙会、歌坡节等传统民俗活动或节日
4	靖西	"二月四·歌圩节"
5	瑞丽	中缅胞波狂欢节
6	德宏	目瑙纵歌节
7	红河	红河文化艺术节

资料来源：笔者根据相关资料整理。

（二）完善跨境卫生合作机制

建立健全跨境医疗卫生常态化联系机制，定期会商研讨边境地区传染病防控等医疗卫生问题。依托防城港国际医学开放试验区，加强与东盟邻国在公共卫生、医学研究、人才培养等方面的国际合作，深化医疗服务、医学创新等领域的交流合作，打造中国—东盟卫生健康共同体的重要支点。构建跨境医疗绿色通道，建立高效畅通的跨境医疗急救机制，为邻国患者入境治疗提供便利，做好服务人类卫生健康共同体建设，为跨境劳务合作提供公共卫生支持，更好地释放口岸要素异化效应。

第二节　完善省际合作机制，降低产业转型升级成本

一、完善西南陆路边境口岸跨省区合作机制

（一）西南陆路边境口岸跨省区实施差异化产业转型升级

由于区位等原因，西南陆路边境口岸发展水平存在显著的差异。为提升西南陆路边境口岸产业转型升级的效果，本节根据2020年的数据，采用系统聚类分析方法对西南陆路边境口岸进行分类，以便实施差异化产业转型升级。系统聚类法的核心思想是把所有样本看成n类，将其中性质等相似程度较高的分成一类，从而将样本分成n-1类；然后继续分下去，直到最后所有样本单独分成一类为止。为全面认识口岸的经济发展状况，本节主要考虑口岸的人均GDP、人均进出口总额、第二产业占比、人均一般公共预算收入、人均一般公共预算支出等指标。基于数据可获性等原因，本节主要选取广西、云南陆路边境口岸为样本（由于数据缺失太多，广西防城区没有纳入分析样本），相关数据来源于《广西统计年鉴》《云南统计年鉴》，部分缺失值用插值法补齐。利用系统聚类法进行样本聚类，具体采用欧氏距离和瓦尔德法根据西南陆路边境口岸经济发展水平将其分为四大类（见表6-8）。第一类是凭祥市；第二类是瑞丽市、河口瑶族自治县；第三类是东兴市、龙州县、孟连傣族拉祜族佤族自治县、靖西市、金平苗族瑶族傣族自治县、防城区、那坡县、宁明县、勐腊县；第四类是大新县、陇川县、江城哈尼族彝族自治县、勐海县、泸水市、腾冲市、沧源佤族自治县、麻栗坡县、镇康县、马关县、

富宁县、耿马傣族佤族自治县、盈江县。第一类只有广西的凭祥市，第四类中只有大新县属于广西，其余均为云南口岸。可见，广西陆路边境口岸的发展水平总体上高于云南。为此，西南陆路边境口岸省区之间应根据发展水平实施差异化产业转型升级，如广西凭祥市与云南瑞丽市和河口瑶族自治县之间；而发展水平相似的广西东兴市、龙州县、靖西县等与云南的孟连傣族拉祜族佤族自治县、金平苗族瑶族傣族自治县、勐腊县等之间应实施错位型产业转型升级，从而化解因相互过度竞争所导致的额外成本。为此应建立健全西南陆路边境口岸跨省区产业发展协调机制，依托各自的优势进行合理分工，实现产业互补。

表6-8　　　　　　　　　　桂滇陆路边境口岸发展水平分类

等级	口岸
1	凭祥市
2	瑞丽市、河口瑶族自治县
3	东兴市、龙州县、孟连傣族拉祜族佤族自治县、靖西市、金平苗族瑶族傣族自治县、防城区、那坡县、宁明县、勐腊县
4	大新县、陇川县、江城哈尼族彝族自治县、勐海县、泸水市、腾冲市、沧源佤族自治县、麻栗坡县、镇康县、马关县、富宁县、耿马傣族佤族自治县、盈江县

（二）西南陆路边境口岸跨省区合作开发国外市场

西南陆路边境口岸可以跨省区合作，共同开发邻国市场。如广西陆路边境口岸可与云南、西藏的陆路边境口岸合作，共同开发缅甸、老挝、尼泊尔等邻国市场，拓宽陆路边境口岸的三大效应，更好地推动其产业转型升级。此外，西南陆路边境口岸跨省区合作开发第三方市场，拓宽产业交流合作的空间。即跨省区统筹西南陆路边境口岸的力量，充分利用越南、缅甸、老挝等邻国与东盟其他成员国交往密切的优势，共同开拓东盟其他成员国的市场，助推产业转型升级。

(三) 西南陆路边境口岸跨省区合作建设西部陆海新通道

西部陆海新通道是我国西部地区联接"一带一路"的重要通道,目前广西、云南、西藏均以不同方式加入其中。西部陆路边境口岸跨省区合作建设西部陆海新通道可有效降低其产业转型升级的成本。2022年上半年,西部陆海新通道海铁联运集装箱班列线路由9条增至12条,累计发送货物37.9万标准箱,同比增长33.4%,保持较强的增长态势。① 通过多式联运的方式可缩短商品运输时间,促进西南陆路边境口岸产业的整体升级。为此建议,以增加广西凭祥铁路口岸与云南磨憨铁路口岸等之间的货运班列为切入点,西南陆路边境口岸跨省区合作建设西部陆海新通道,充分释放口岸三大效应。

二、完善西南陆路边境口岸与东部的合作机制

加强西南陆路边境口岸与东部的区位协同、优势互补、市场规模共享、平台互动,创新双方合作的模式,避免西南陆路边境口岸与东部的过度竞争,降低承接东部产业转移的成本。

(一) 增强西南陆路边境口岸与东部的区位协同

西南陆路边境口岸主要适合发展速度要求快的陆运,东部沿海主要适合运输成本低的海运。据调查,从我国广州到新加坡,走海运一般需要10~15天,而陆运一般只需要7~10天。西南陆路边境口岸主要与邻国及其周边国家进行经济往来,而且这些国家都是发展中国家。而东部主要通过海上联系,与全球主要国家和地区都进行经济往来。因此,西南陆路边境口岸应重点发

---

① 莫育杰,罗婕. 西部陆海新通道铁海联运班列辐射范围增至14省54市[EB/OL]. http://gx.people.com.cn/n2/2022/0818/c179464 - 40086432. html.

展面向邻国及其周边的区域性的生产,东部应重点发展面向全球性的生产,两者相互协同。

(二)增强西南陆路边境口岸与东部的优势互补

西南陆路边境口岸的劳动力和资源优势与东部产业优势互补性强。与东部相比,西南陆路边境口岸的劳动力成本较低。2020 年长三角城市群[①]、粤港澳大湾区(不含港澳)的人均 GDP 分别是广西陆路边境口岸的 2.28 倍、2.07 倍,分别是云南陆路边境口岸的 2.55 倍、2.31 倍(见图 6-5)。此外,西南陆路边境口岸靠近低收入和中等偏下收入国家,后者的劳动力成本较低。并且西南陆路边境口岸的自然资源丰富。广西百色铝土矿资源相对丰富,其中仅平果产业园已实现年产铝土矿 600 万吨、氧化铝 245 万吨、电解铝 40 万吨的产能。云南文山盛产三七被称为"三七之乡";普洱作为全球第二大热带雨林,保存着全国近 1/3 的物种,橡胶种植面积居全国第三位,铁、金、铜、铅、锌、钼等矿产资源丰富。[②] 日喀则具有丰富的硼砂、金、铜等矿产资源;太阳能总辐射在 5100~7700 兆焦/平方米,水能资源蕴藏量为 1360 万千瓦。[③] 可见,西南陆路边境口岸在劳动力和资源方面具有显著的优势,适宜发展劳动密集型产业和资源密集型产业。而与西南陆路边境口岸相比,东部的产业优势显著。其中,粤港澳大湾区具有世界工厂之称,拥有较为完整、先进的产业链,形成了扎实的工业基础,是展示我国产业高质量发展的重要窗口。根据世界知识产权组织《2021 年全球创新指数报告》显示,"深圳—香港—广州"科技集群在 2020 年和 2021 年的全球科学及技术集群连续两年

---

① 其中,安徽合肥等市虽然不属于东部,但发展水平较高且其与东部的联系较为紧密,国务院发布《长江三角洲城市群发展规划》也将其列入其中,故本书在考虑西南陆路边境口岸与东部的合作时,将安徽合肥等市考虑在内。本书其他地方也基于同样的考虑。

② 云南投资促进局. 州市聚焦 [EB/OL]. https://invest.yn.gov.cn/xmarticlelist.aspx?catid = 1221.

③ 扎西卓玛. 西藏日喀则市:加大信贷投放力度 提升能源产业"含绿度" [N]. 金融时报, 2021-11-14.

排名第二,显示了大湾区强大的全球科创领先能力。因此,西南陆路边境口岸应加强其劳动力和资源优势与东部产业优势的互补,推动口岸产业转型升级。

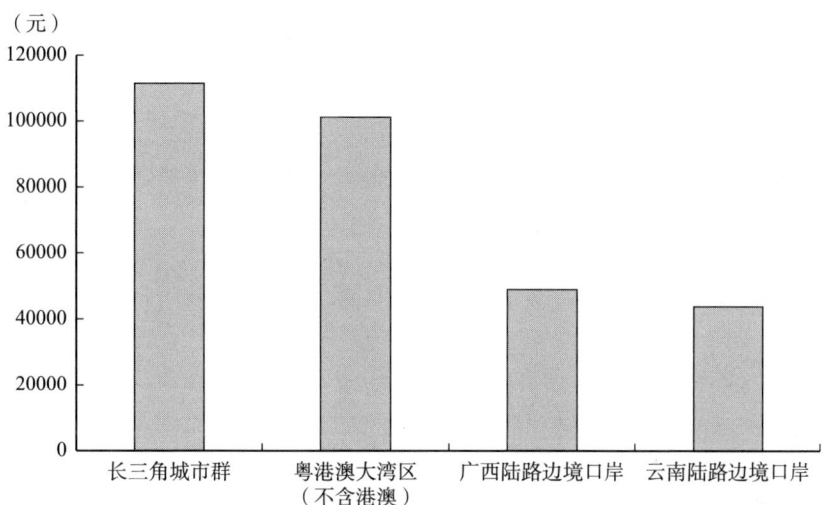

图 6-5 2020 年桂滇陆路边境口岸与长三角城市群、粤港澳大湾区
(不含港澳)人均 GDP 比较

资料来源:国家统计局。

(三)增强西南陆路边境口岸与东部的市场规模共享

市场是推动产业转型升级的主要因素,因此西南陆路边境口岸应充分利用东部市场规模优势,推动产业转型升级。2020 年长三角城市群、粤港澳大湾区(不含港澳)的经济总量为 294631.1 亿元,占当年全国 GDP 的比重为 29.07%(见图 6-6)。因此,西南陆路边境口岸应充分共享东部的巨大市场,加快融入新发展格局,实现联动发展、共享发展,助推口岸产业转型升级。

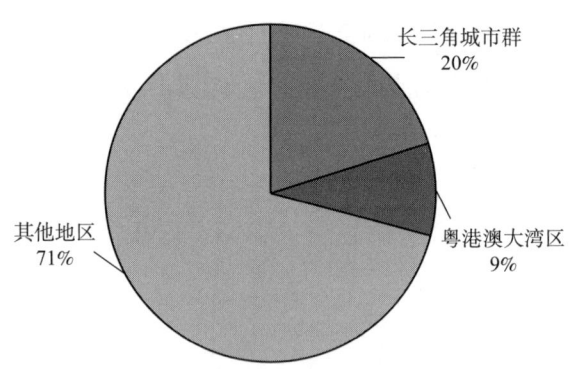

图6-6 2020年长三角城市群、粤港澳大湾区（不含港澳）占全国GDP的比重
资料来源：国家统计局。

（四）加强西南陆路边境口岸与东部平台的互动

东部是西南陆路边境口岸承接产业转移的方向，为此亟须加强其与东部平台的联系，降低承接产业转移的成本。一是借鉴合肥承接东部产业转移的经验，加强基础设施建设和完善配套服务保障能力，建立健全上中下游全产业链协同平台。二是支持东部平台在西南陆路边境口岸设立园中园，利用口岸的空间区位优势、要素差异化优势、信息汇集优势等发展飞地经济，带动口岸产业转型升级。三是借鉴贵阳大数据发展的模式，积极推动东部地区园区把因空间因素承接不下的产业引导到西南陆路边境口岸，加快口岸产业转型升级。

第三节 完善口岸（地方）之间合作机制，促进产业转型升级落地生根

一、完善西南陆路边境口岸的溢出效应机制

本节通过构建2010年和2020年西南陆路边境30个口岸产业转型升级的

面板数据（由于数据缺失太多，广西防城区没有纳入分析样本），绘制莫兰指数散点图（见图6-7）。其中，莫兰指数散点图将西南陆路边境口岸产业转型升级分为四个象限，用来识别一个口岸产业转型升级与邻近口岸转型升级之间的关系。其中，第一象限（HH）代表本口岸及其周围口岸的产业转型升级指数均为高值；第二象限（LH）代表本口岸产业转型升级指数为低值及其周围口岸产业转型升级指数为高值；第三象限（LL）代表本口岸及周围口岸的产业转型升级指数均为低值；第四象限（HL）代表本口岸产业转型升级指数为高值及周围口岸产业转型升级指数为低值。从西南陆路边境口岸产业转型升级散点图可以看出，2010~2020年正相关口岸个数增加，负相关口岸个数减少。其中，正相关口岸从2010年的18个变为2020年的19个，总数呈上升趋势；负相关口岸从2010年的12个变为2020年的11个，总数呈下降趋势。这表明西南陆路边境口岸产业转型升级具有空间聚集的特点，存在一定的空间依赖性，具有空间溢出效应，但仍存在完善的空间。

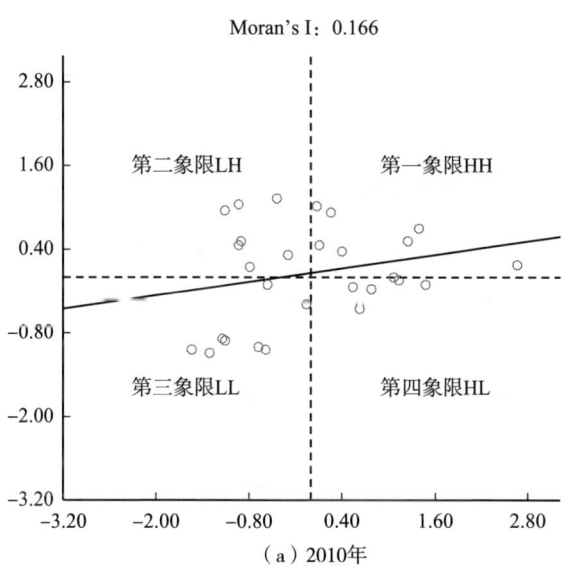

(a) 2010年

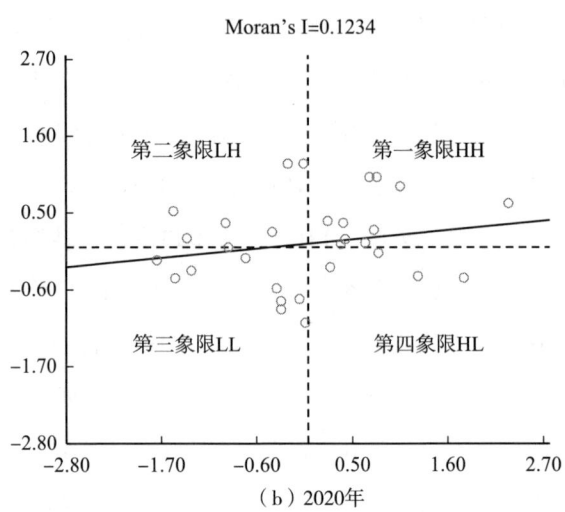

图 6-7 2010 年、2020 年西南陆路边境口岸产业转型升级指数莫兰散点图

为此,西南陆路边境口岸应加强与周边口岸的交流合作,利用相对较发达口岸的空间溢出效应带动周围口岸的发展,共同推动口岸产业转型升级。

(一) 提升口岸之间的邻近性

加强相邻口岸之间基础设施互联互通,优化交通网络,提升联接的便捷性,增强口岸空间的邻近性。建立相邻口岸之间多维的文化交流平台,定期举办文化交流活动,增进相互了解,提升口岸之间的认知邻近性。完善相邻口岸之间的沟通机制,统一内部监管标准,增强制度实施的一致性,提升口岸之间的制度邻近性。

(二) 消除邻近口岸之间的要素流动障碍

加强邻近口岸产业发展战略的衔接,促进产业互补及其发展成果共享,增强口岸之间要素流动的动力。完善邻近口岸之间信息交换机制,引导人才、资金等合理流动。完善相邻口岸之间监管互认,降低人才、要素流通的成本。畅通相邻口岸之间物流,降低物流成本。

(三) 提升相对落后口岸的吸收能力

加快西南陆路边境相对落后口岸沿边产业园区建设,增强其产业集聚能力,从而进一步吸引更多资金和人才流入。为西南陆路边境相对落后口岸提供精准的政策支持,吸引更多企业和项目入驻,培育发展一批投资规模大、创新发展力强的出口加工企业,进而带动相关加工制造企业进入。

二、完善西南陆路边境口岸的海关、地方政府、企业之间的合作机制

"一带一路"背景下加快西南陆路边境口岸产业转型升级离不开海关、地方政府、企业之间的共同努力(见图 6-8)。本书借鉴国际垂直专业化分工理论,把贸易与生产作为两个环节,西南陆路边境口岸从事贸易的企业可以选择自己完成加工制造环节,也可以选择将加工制造环节外包出去;而外包可以分为外包给口岸当地的企业和外包给口岸以外的其他区域的企业。贸易企业选择自己从事加工制造或者外包给当地的企业都有利于口岸产业转型升级,而选择外包给口岸之外的其他地区,则可形成通道经济。企业选择进行加工制造内部化,需要投入大量的沉没成本,长期才能回收。企业选择把加工制造环节外包给口岸的其他企业,后者同样也需要投入巨大的成本。因此应加强海关、地方政府、企业的协同,合力促进产业转型升级,化解口岸"过货化"现象。

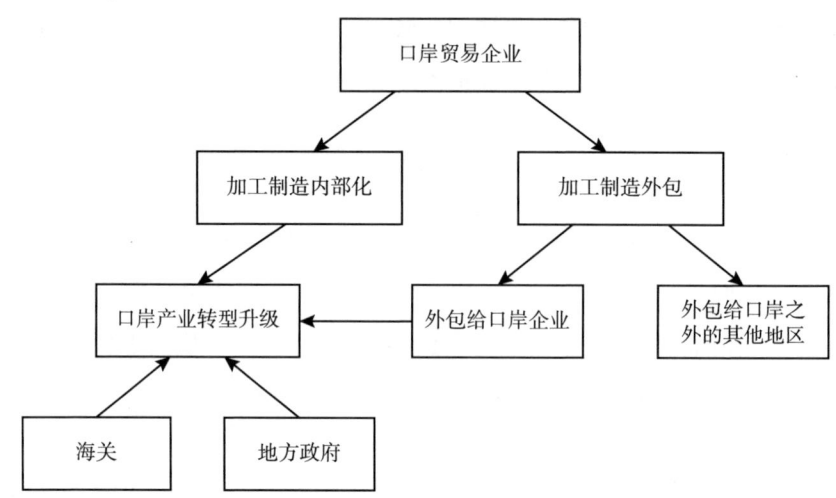

图 6-8　海关—地方政府—企业协同推动西南陆路边境口岸产业转型升级的分析框架

（一）加强海关与企业的合作，更好地利用邻国的优势资源

海关应积极探索跨境劳务合作的管理方式，便于口岸企业利用邻国丰富的劳动力，引导企业贴边建厂，发展劳动密集型产业。针对互市贸易落地加工所存在的困难，争取海关允许第三国商品享受边民互市贸易税收优惠政策，推动互市商品从个人生活用品拓展到工业原料，强化西南陆路边境口岸企业与边民互市的衔接。海关应积极推进电子化口岸的建设，采用自媒体，面向企业重点宣传通关流程、检验标准等的信息；对于进出境的运输工具、人员及货物信息进行全面共享，便于口岸企业更好地利用邻国的优势资源，为口岸企业加工制造内部化或外包给当地企业提供支持。

（二）加强地方政府与企业的合作，破解西南陆路边境口岸产业转型升级的困难

针对西南陆路边境口岸从事加工制造企业需要投入的成本大、回收期长等问题，政府应为相关企业提供政策性支持。政府应做好产业发展定位和长

期规划布局，加快沿边产业园区建设，积极为口岸加工制造内部化企业或承接加工制造的企业提供生产性服务支持。紧紧抓住共建"一带一路"高质量发展机遇，积极融入西部陆海新通道建设，研究推动西南沿边高速铁路建设，加快推进东兴—芒街—河内等跨境公路等项目建设，提升沿边基础设施互联互通水平，降低西南陆路边境口岸企业加工制造内部化或外包给当地其他企业的交易成本，夯实边境口岸产业转型升级的基础。

（三）增强海关与地方政府的合作，夯实西南陆路边境口岸产业转型的基础

当前国家层面的口岸办由海关总署管理，而省级口岸属于商务系统管理，导致上下衔接不畅；而省级以下口岸办更是无法协调同级海关和边检事项，[①]不利于西南陆路边境口岸企业发展加工制造业。因此，应从国家层面对口岸管理的顶层设计进行完善，增强上下管理的有效衔接，更好地释放西南陆路边境口岸的三大效应，促进西南陆路边境口岸企业发展加工制造。考虑到西南陆路边境口岸所在地经济发展相对落后的实际情况，建议加大中央口岸建设专项转移支付基金的支持力度，减轻地方政府口岸建设的资金配套压力。为改善西南陆路边境口岸企业发展加工制造业的环境，建议让口岸所在地政府按一定比例参与进口关税等直接性税费收入分配，增强当地推动产业转型升级的能力。

三、完善西南陆路边境口岸与周边其他平台的统筹机制

（一）强化西南陆路边境口岸与其他沿边平台的统筹机制

为促进西南沿边地区发展，国家及地方在当地布局了一批开发开放平台，

---

① 刘英奎，任国萍，张文娅. 中国沿边开放的主要障碍及对策研究［J］. 区域经济评论，2022（3）：151－157.

具体包括沿边自由贸易试验区、重点开发开放试验区、沿边经济开放区、跨境经济合作区等（见表6-9）。为加快推进口岸产业转型升级，西南陆路边境口岸应该加强与其他平台的合作。

表6-9　　　　　　　　　西南陆路边境主要开发平台

平台类型	省区	具体平台
自由贸易试验区	广西	中国（广西）自由贸易试验区崇左片区（2019）
	云南	中国（云南）自由贸易试验区红河片区（2019）与德宏片区（2019）
重点开发开放实验区	广西	东兴重点开发开放试验区（2012）、凭祥重点开发开放试验区（2016）、百色重点开发开放试验区（2020）
	云南	瑞丽重点开发开放试验区（2012）、勐腊（磨憨）重点开发开放试验区（2015）
	西藏	吉隆重点开发开放试验区（2022）
综合保税区	广西	凭祥综合保税区（2008）、防城港保税物流中心（2016）
	云南	红河综合保税区（2013）
跨境经济合作区	广西	中国凭祥—越南同登跨境经济合作区（2012）、中国东兴—越南芒街跨境经济合作区（2019）、中国龙邦—越南茶岭跨境经济合作区（2017）
	云南	中国河口—越南老街跨境经济合作区（2017）、中国磨憨—老挝磨丁经济合作区（2020）、中国瑞丽—缅甸木姐跨境经济合作区（建设中）、中国猴桥—缅甸甘拜地跨境经济合作区（建设中）
	西藏	中尼跨境经济合作区（建设中）
边境经济合作区	广西	东兴边境经济合作区（1992）、凭祥边境经济合作区（1992）、防城港边境经济合作区（2021）、百色（靖西）边境经济合作区（2021）、龙州边境经济合作区（2021）
	云南	瑞丽边境经济合作区（1992）、畹町边境经济合作区（1992）、河口边境经济合作区（2012）、临沧边境经济合作区（2013）
	西藏	吉隆边境经济合作区（2022）

注：括号内为获批年份。
资料来源：笔者根据相关资料整理。

1. 优势共构

随着关税快速降低,西南陆路边境口岸及沿边其他平台的关税等政策优势正逐步消失,[①] 为此需要推动西南陆路边境口岸与其他沿边平台之间的竞争方式从降低税收或标准的逐底竞争向提供高质量发展环境的逐顶竞争转变,从而推动通道经济向口岸经济转变。逐底竞争比拼的是向企业提供税收减免等政策优惠,该方式很容易被其他口岸或平台所复制,导致难以留住优秀加工制造企业。而逐顶竞争比拼的是优质生态环境、技术、信用、机会供给以及其他公共产品供给状况等,提倡地区之间进行良性竞争。因此,口岸和其他平台应转变观念,从以低成本为导向的逐底竞争向以优质环境为导向的逐顶竞争转变,共构新优势。充分利用 RCEP 的累积原产地规则,共同发挥要素差异效应,按照市场导向、优势互补、利益共享的原则,加强西南陆路边境口岸与其他沿边开放平台的产业合作,实现联动发展。

2. 功能协同

以充分发挥口岸效应为主线,整合西南陆路边境口岸与沿边开放平台功能,增强开放协同叠加效应,加速产业转型升级。西南陆路边境口岸以充分发挥其空间区位效应、要素差异化效应、信息汇集效应为导向,破除体制机制障碍,更好地联通国内国外市场和资源,推动跨境产业链发展,为口岸产业转型升级贡献更大力量。自由贸易试验区应充分发挥先行先试优势,为口岸产业转型升级探索新模式新路径。截至 2022 年 8 月,中国(广西)自贸试验区崇左片区初步形成两条产业链(即跨境电子信息、东盟特色产品深加工)。其中,跨境电子信息产业链成功引入三诺等企业,其总产值从 2019 年

[①] 曲凤杰. 沿边地区开放平台高质量建设路径 [J]. 开放导报,2020 (6):53 – 58.

的 2.6 亿元激增至 2021 年的 13.9 亿元。① 开发开放试验区应充分发挥平台优势，推动口岸加工贸易规模化发展。跨境经济合作区应发挥双边合作优势，更好地利用要素差异化优势，增强口岸产业转型升级的动能。边境经济合作区应充分发挥内接外联的优势，畅通内外循环，增强口岸产业转型升级的效率。综合保税区应充分发挥税收优惠的优势，重点发展有保税需求的外向型产业。

3. 治理协同

一是完善口岸与沿边开发开放平台的协同治理机制，推动从分割向联动转变。重点开展口岸与其他开发开放平台的联合招商，从而化解相互之间的过度竞争。二是共享优质资源。完善人才共享机制，最大限度地发挥高素质人才的作用。三是共同化解沿边产业发展环境的不足。以破解西南陆路边境口岸交通基础设施短板为突破口，共同推动构建中国—东盟多式联运，实现口岸与其他沿边平台之间的互联互通。积极构建口岸与其他开发开放平台配套设施及服务共享机制，从而化解单一平台自建配套设施及服务规模效应不足的问题。

(二) 增强西南陆路边境口岸与周边地区开放平台的协同机制

一是考虑到西南陆路边境口岸发展资源的不足，应加强其与中国—东盟博览会（南宁）、中国—东盟商务与投资峰会（南宁）、南亚东南亚国家商品展暨投资贸易洽谈会（昆明）等平台的对接，导入优质产业资源。中国—东盟博览会参展企业数从 2004 年的 1505 家增至 2021 年的 3019 家（见图 6-9），平台影响力不断增强，故应依托其设立面向西南陆路边境口岸的活动，为后者导入优质产业。二是借鉴和推广昆明托管西双版纳磨憨的做法，依靠西南地

---

① 覃心，覃睿. 广西自贸试验区崇左片区：面向东盟，两条跨境产业链初步成形 [EB/OL]. http://gx.people.com.cn/n2/2022/0818/c179464-40086432.html.

区中心城市的力量,推动西南陆路边境口岸产业转型升级。南凭高速铁路预计 2025 年建成通车,届时将拉近南宁与凭祥之间的空间距离,为此建议广西南宁托管凭祥,把广西强首府战略和兴边富民战略有机结合起来。

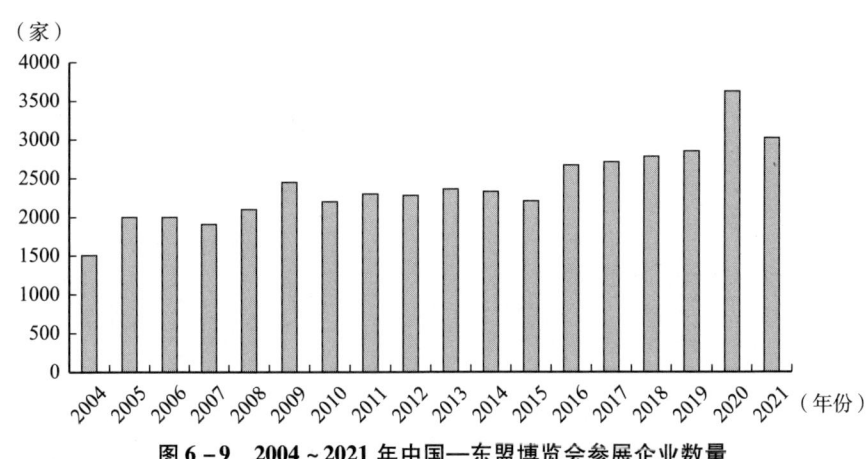

图 6-9 2004~2021 年中国—东盟博览会参展企业数量

注:2020 年和 2021 年中国—东盟博览会采取"实体展+云上东博会"的线上线下结合办展形式,故这两年的参展企业数为线上线下之和。

资料来源:广西国际博览事务局。

第四节 本章小结

为实现西南陆路边境口岸产业转型升级,本章探索了跨境、省际、平台(地方)的合作机制。其中,以释放陆路边境口岸三大效应为导向,完善跨境要素流通、跨境产业合作、跨境文化卫生合作等机制;以降低产业转型升级成本为导向,加强西南陆路边境口岸省区之间及其与东部的合作;以促进产业转型升级落地生根为导向,释放西南陆路边境口岸转型升级的溢出效应,强化海关、地方政府、企业的合作等。

第七章
研究总结及展望

本章主要对本书的研究进行总结，然后提出相应的对策建议，最后提出未来进一步研究的方向。

第一节 主要研究结论

本书在"一带一路"背景下，以西南陆路边境口岸为研究对象，在梳理相关文献的基础上，从理论和实证角度分析了口岸的三大效应及其对产业转型升级的贡献，然后分析推动产业转型升级的途径及其实现机制。具体总结如下。

一、"过货化"是西南陆路边境口岸产业转型升级的主要障碍

本书基于障碍度模型发现,西南陆路边境口岸产业转型升级的主要因子是第二产业就业占比过低与第一产业就业占比过高。30 个样本中有 17 个排名第一的障碍因子是第二产业就业占比过高,占全部样本的 56.67%;有 11 个样本排名第一的障碍因子是第一产业就业占比过高,占全部样本的 36.67%。其深层原因是,西南陆路边境口岸工业基础相对薄弱,口岸"过货化"现象突出,制造业的就业创造不足。

二、"一带一路"倡议促进了西南陆路边境口岸产业转型升级

本书以国际贸易理论、区位理论、产业升级理论为基础,借鉴索恩(Sohn,2014)的研究以及新经济地理理论等,把开放条件下陆路边境口岸优势分解为空间区位效应、要素差异化效应、信息汇集效应,并基于西南陆路边境口岸的面板数据模型进行量化分解。结果显示,空间区位效应和信息汇集效应对西南陆路边境口岸产业转型升级有积极的影响,并且该影响是线性的;而要素差异化效应的影响是"U"型的,即在要素差异较小时与口岸产业转型升级呈反方向变动,而在其较高时与口岸产业转型升级呈同方向变动。实证结果表明,西南陆路边境大部分口岸与邻国的要素差异均超过了拐点。在此基础上,本书重点分析"一带一路"倡议对西南陆路边境口岸产业转型升级的影响。结果发现,"一带一路"倡议提升了西南陆路边境口岸的对外开放程度,促进了对邻国市场的辐射程度,增强了口岸的空间区位效应;提升了利用邻国优势资源的可能性,增强了要素差异化效应;密切了与邻国的交流交往,放大了信息汇集效应。双重差分模型与包含凭祥、东兴、靖西、河口、瑞丽、勐腊、日喀则的跨案例分析均证实,"一带一路"倡议促进了

西南陆路边境口岸产业转型升级。

三、"一带一路"背景下西南陆路边境口岸产业转型升级有利于铸牢中华民族共同体意识

西南陆路边境地区是我国少数民族主要聚居区之一，部分民族跨境而居。"一带一路"背景下西南陆路边境口岸产业转型升级，促进边境贸易就地加工，把边贸政策红利更多留在口岸，推动特色产业发展，有利于扩大西南陆路边境各民族的就业，增加边境各民族收入，深化各民族交往交流交融，从而铸牢中华民族共同体意识。

四、西南陆路边境口岸应根据实际选择转型升级的路径

本书基于"一带一路"背景下西南陆路边境口岸的三大效应，提出承接转移、逆向延伸、创新插入三条产业转型升级路径。其中，西南陆路边境口岸承接的主要是东部劳动与资源密集型制造业转移。通过构建包含西南陆路边境口岸的粤港澳大湾区—广西—云南、长三角地区—广西—云南两个产业网络与测算粤港澳大湾区及长三角地区的静态和动态聚集指数，其承接粤港澳大湾区产业转移的可能性更大，而且西南陆路边境口岸承接粤港澳大湾区、长三角地区等的产业转移需要通过南宁、昆明等作为中介。逆向延伸主要针对西南陆路边境口岸的流通业，具体通过流通加工、品牌引领、产业融合，促进流通业向制造业迈进，推动沿边开放红利更多地留在当地，从而更好实现兴边富民。创新插入是主要发展数字经济新兴产业等，然后通过物理空间弱化效应、长尾效应、优势再造效应等促进西南陆路边境口岸传统产业转型升级。

五、加强跨境、跨省区及口岸（地方）之间合作是实现西南陆路边境口岸产业转型升级的重要机制

为充分释放"一带一路"背景下西南陆路边境口岸三大效应，应完善跨境要素流通、跨境产业合作、跨境文化卫生合作等机制，从而推动口岸产业转型升级，更好地服务和融入双循环新发展格局。省际合作主要是根据发展水平差异，加强西南省区之间陆路边境口岸合作，避免恶性竞争；加强与东部在区位、市场等方面的合作。口岸（地方）合作主要包括释放口岸溢出效应及加强海关、地方政府、企业的三方协同。

第二节 对策建议

本节在理论和实证研究的基础上，针对西南陆路边境口岸存在的"过货化"问题，在高质量共建"一带一路"背景下，重点面向东盟，从动力、成效、稳健三个角度提出西南陆路边境口岸产业转型升级的对策。

一、提升要素跨区跨境配置的效率，增强西南陆路边境口岸产业转型升级的动力

（一）促进跨境劳务合作

增强西南陆路边境口岸与邻国跨境劳务合作的利益契合度，完善互利共赢的跨境劳务合作关系。东盟国家具有丰富的劳动力资源，根据东盟秘书处的统计数据，20～54岁、55～64岁的人口占比分别为50.4%、8.5%（2017

年数据)。① 为此,完善相关法律法规,扩大跨境劳务合作试点,建设跨境劳务市场,加强市场管理制度,推动跨境劳动力高效流动,充分释放东盟劳动力丰富的优势。探索对跨境劳工实施市场决定的浮动工资制,充分发挥跨境劳务的成本优势。在确保安全的前提下,优化跨境劳务合作管理模式,简化跨境务工申报程序,适当延长入境务工人员的停留时间。积极探索外籍边民参加我国企业的职工养老保险、工伤保险等模式。深化与邻国劳务培训合作,提升西南陆路边境口岸跨境劳务人员的技能。

(二) 促进信息跨境流动

在确保我国数据安全的前提下,积极促进我国的《数据安全法》与《东盟跨境数据流动示范合同条款》的衔接,推动构建公平互利的国际数据合作机制与跨境数据流动的国际规则,完善跨境数据流动环境。积极利用西南陆路边境口岸信息汇集的优势,构建数据收集、加工、货币化的跨区跨境数字经济价值链。共享跨境信息是促进产业转型升级的基础,为此西南陆路边境口岸应加快构建口岸互联互通的信息平台。在构建信息平台时,需要考虑与国外区域的条约、协定相契合,提升我国在国际数字经济方面的话语权。及时更新信息平台,实现信息高效、便捷传播。

(三) 完善科技合作

依托粤桂合作、滇粤合作等东西部合作平台,在西南陆路边境口岸建立"科创飞地",明确与国外科技合作的内容、方式和领域,推动先进技术的交流与合作,提升西南陆路边境口岸的创新能力。充分发挥中国与东盟共建的各种科技合作机制,以《中国—东盟建设面向未来更加紧密的科技创新伙伴关系行动计划(2021~2025)》为指导,重点关注西南陆路边境口岸产业转

---

① ASEAN Secretariat. ASEAN Statistical Highlights 2018 [R]. 2018.

型升级面临的核心技术问题，夯实产业发展所需要的科技支撑。积极落实《推进"一带一路"建设科技创新合作专项规划》，加大西南陆路边境口岸与国际科技合作的广度与深度。适应世界生产一体化向信息全球化转变的趋势，推动中国—东盟技术标准协同，缓解双边技术冲突。充分发挥西南陆路边境口岸的空间区位优势，构建东部研发—口岸孵化—东盟推广应用的跨区跨境技术创新链，推动西南陆路边境口岸从基于静态比较优势的低端资源型产业向基于动态比较优势的技术密集型产业转型升级（见图7-1）。

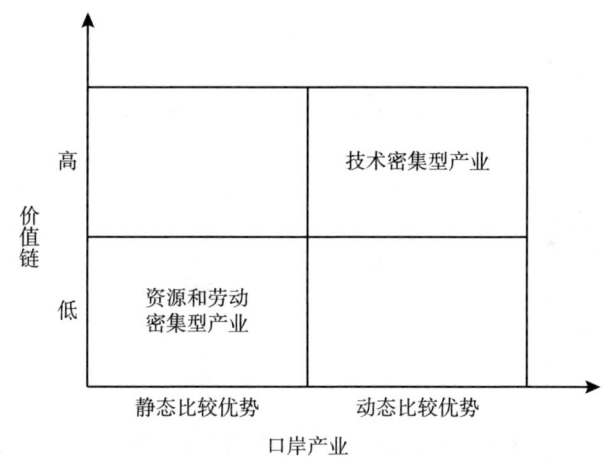

图7-1　跨区跨境技术创新链助推西南陆路边境口岸产业升级

（四）加强跨区跨境战略与政策协同

充分利用RCEP的原产地累积规则，增强产业前后联系，促进西南陆路边境口岸产业与我国东部、东盟的联系，推动构建我国东部—西南陆路边境口岸—东盟的跨区跨境产业链。强化我国与越南、老挝、缅甸的发展战略衔接，把西南陆路边境口岸打造成中国—东盟跨境产业链的重要节点。西南陆路边境口岸与东部沿海的发展梯度过大，需要以南宁、昆明等城市作为中介，为此应加强西南边疆与粤港澳大湾区、长三角地区的发展规划对接，健全以粤港澳大湾区、长三角地区与西南陆路边境口岸产业网络。2023年我国企业所得税基本税率为25%，比越南、老挝高出5个百分点，与缅甸持平（见图7-2）。因此，为防止因跨境税收落差导致我国东部的劳动密集型产业跨越口岸直接转移到邻国，应争取国家在西南陆路边境口岸对标邻国，实施更加优惠的税收政策。

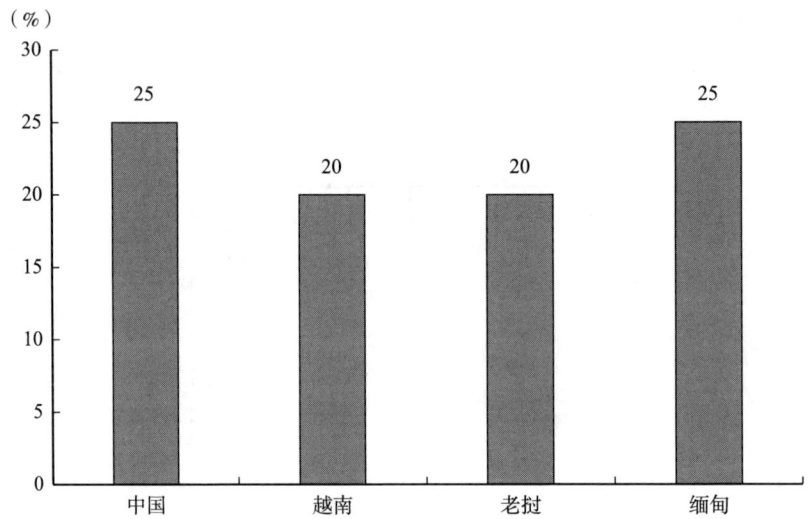

图7-2 2023年中国与越南、缅甸、老挝企业所得税基本税率比较

资料来源：《中华人民共和国企业所得税法》《老挝人民民主共和国所得税法（2019）》及商务部相关部门编写的越南、缅甸《对外投资合作国别（地区）指南》（2023年版）。

二、提升衔接水平，增进西南陆路边境口岸产业转型升级的成效

（一）加强基础设施互联互通

一是加强交通基础设施建设。完善构建我国东部—西南陆路边境口岸—东盟跨区跨境交通基础设施，降低物流成本。在完善西南沿边地区高速公路的基础上，推动建设西南沿边高速铁路，争取纳入西部陆海新通道

建设的内容，将其打造成大湄公河区域便捷的出海新通道。充分借鉴中老高速铁路建设的成功经验，加快建设中泰铁路、昆明—河口—河内—海防铁路，研究建设连接粤港澳大湾区—北部湾经济区—越南河内的高速铁路，积极推进左江流域国际航道复航工程建设。充分发挥沿边金融开放平台优势，加大重点交通项目开发的融资支持力度，促进交通基础设施互联互通。二是加强口岸基础设施建设。加快跨境贸易大数据平台建设，大力提升口岸通关智能化水平。建立健全跨境结算平台，提升跨境贸易支付服务的便利性。争取相关国际组织设立陆路边境口岸开发建设专项贷款，帮助邻国消除口岸建设资金不足的制约因素，协商实施口岸基础设施对等建设，提升双边的空间可达性。三是加强信息基础设施建设。加快西南"数字边境"建设，构建西南陆路边境口岸智能化支撑体系。依托西南陆路边境口岸的区位优势与信息汇集优势，积极对接国家"东数西算"战略与东盟数字经济发展战略，提升跨境陆路光缆功能，打造中国—东盟信息互联互通的主动脉。

（二）降低承接产业成本

一是推动产业集群化承接。原材料市场和中间产品是影响东部产业向西南陆路边境口岸转移的重要考虑因素，单个企业转移往往无法实现配套。因此，西南陆路边境口岸应积极实施产业集群化承接，具体可以采取以下几项措施：首先，打造生产性服务平台。西南陆路边境口岸应打造生产性服务平台，积极实施集群式招商，紧紧抓住龙头企业，通过前后关联效应，降低产业配套成本，重点承接电子信息、汽车机电零配件、金属精深加工等产业集群化转移。其次，构建共享制造网络。共享制造网络有利于化解剩余产能、升级导入产业，降低承接门槛与生产成本。打造高效、专业的区域级和行业级共享制造平台，助推制造资源的汇聚、共享。为此西南陆路边境口岸应加快打造制造业"双创"共享平台，汇集和共享产业链上游和下游的研发资源，提升创新能力。最后，打造集群品牌。集群品牌打造主要围绕边境口岸、民族风情等要素，增强西南陆路边境口岸产业承接的吸引力。对承接的重要产业集群实施群长制，负责集群品牌打造及招商引资、项目建设、服务保障。二是推动企业资质的跨区域互认和利益共享。探索企业生产经营资质资格等跨区域互认通用，建立市场准入互认制度，降低西南陆路边境口岸承接产业转移的制度成本。建立健全西南陆路边境口岸与东部产业承接与转移的利益分享机制，让区域合作的长期红利大于人为设置壁垒可能带来的短期利益，强化跨区域产业合作内在动力。搭建西南陆路边境口岸与其他地区信息等要素共享的公信平台，共同维护市场秩序。完善共建联动机制，推动双方就市场准入规则达成一致。研究建设西南陆路边境口岸承接产业转移信息服务平台，提升产业精准对接的水平。三是实施差异化承接战略。西南陆路边境口岸产业发展水平差异较大，建议实施差异化承接战略，避免相互之间进行逐底竞争，导致承接成本上升。四是强化承接产业转移支持。熊彼特创新理论认为，产业转移能加速要素流动和技术进步，推动经济高质量发展。因此，应以推动产业链融资为抓手，引导金融机构创新支持西南陆路边境口岸承接东部产业转移的金融产品，从而满足承接产业的资金需求、提升承接产业的效率、化解承接产业的风险。充分发挥西南陆路边境口岸在服务国家构建新发展格局的特殊地位，争取国家的支持，整合相关财政资金，设立西南陆路边境口岸承接产业转移基金。推动能耗和排放随产业共同转移，从而化解西南陆路边境口岸承接产业转移的能耗和排放制约。

（三）降低逆向延伸和创新插入成本

在降低逆向延伸成本方面，主要通过提升口岸政策红利来对冲流通业向加工制造业延伸所需增加的成本投入。其中，互市贸易中边民每天8000元的关税优惠幅度是2010年修订的，鉴于物价水平上升及贸易发展的需要，建议国家把关税优惠幅度提高到20000元，以满足边民对美好生活的追求。因为，

2010年迄今，我国的年物价水平大部分增幅在2个百分点以上，2011年甚至超过5个百分点，2021年物价水平比2010年上升26个百分点（见图7-3）。在降低创新插入成本方面，可积极利用口岸信息汇集优势，完善数据收集—数据加工—数据货币化的价值链；妥善处理好政府与企业的关系，避免政府支持的数字经济项目对其他企业产生挤出效应；推动数字经济知识普及，提升边民数字化应用能力。

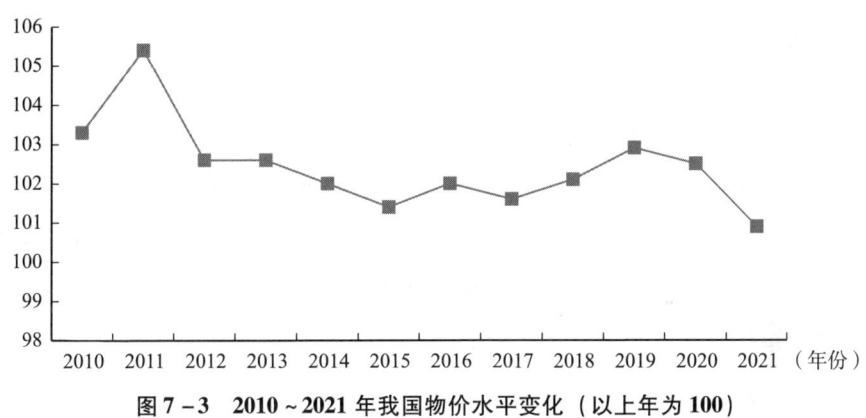

图7-3 2010~2021年我国物价水平变化（以上年为100）

资料来源：国家统计局。

三、提升应对风险的能力，增强西南陆路边境口岸产业转型升级的稳健性

"一带一路"背景下西南陆路边境口岸变为开放的前沿，面对世界百年未有之大变局，其产业转型升级易受外部冲击，为此应提升应对风险的能力，增强转型升级的稳健性。

（一）提升口岸产业转型升级韧性

一是密切西南陆路边境口岸与邻国产业的衔接。充分发挥"一带一路"

倡议、澜湄合作机制、RCEP 等的作用，积极对接越南、老挝、缅甸的经济复苏计划，更好地发挥口岸的要素差异化效应，从而提升西南陆路边境口岸与邻国产业的互补性。二是挖掘西南陆路边境口岸产业发展新动能。西南陆路边境口岸应在发展传统产业转型升级的基础上，充分释放其信息汇集效应，加快发展数字经济，实现创新插入。三是增强西南陆路边境口岸产业的多样性。西南陆路边境口岸应综合发挥三大效应，积极采取强有力的措施培育口岸产业多元化，加强产业间技术联系，扩大贸易种类，优化产品结构。

（二）提升口岸产业绿色化水平

一是推动西南陆路边境口岸产业绿色转型升级。全球气候变暖是我们共同面临的难题，为此西南陆路边境口岸以应对全球气候变化为重点，充分发挥其生态优势，以绿色发展理念为引领，重点对承接的产业进行绿色改造，推动口岸产业绿色转型升级，筑牢沿边生态安全防线。二是推动西南陆路边境口岸绿色产业跨境合作。我国的碳排放强度明显低于越南、老挝（见图 7-4），表明我国在碳排放治理方面具有优势。其中，2019 年越南、老挝的碳排放强度分别为 1.29 吨/千美元、1.85 吨/千美元，分别是我国的 1.74 倍、2.5 倍。缅甸的碳排放强度虽然低于我国，但主要是因为其经济发展水平较低，尚处于环境库兹涅茨倒"U"型曲线的左侧，因而随着经济发展，其碳排放压力将持续增加。为此西南陆路边境口岸应充分利用国内减排等方面的优势，发挥口岸的要素差异化效应，采用环保产业与其他产业协同等方式，加强与邻国绿色产业合作，强化绿色低碳金融和技术支撑，促进西南陆路边境口岸绿色产业的跨境合作。充分发挥面向东盟的区位优势，争取在崇左设立面向东盟的碳交易市场，助推中国—东盟低碳合作。增强西南陆路边境口岸的气候风险意识和适应气候变化的能力，提升其产业转型升级的韧性。

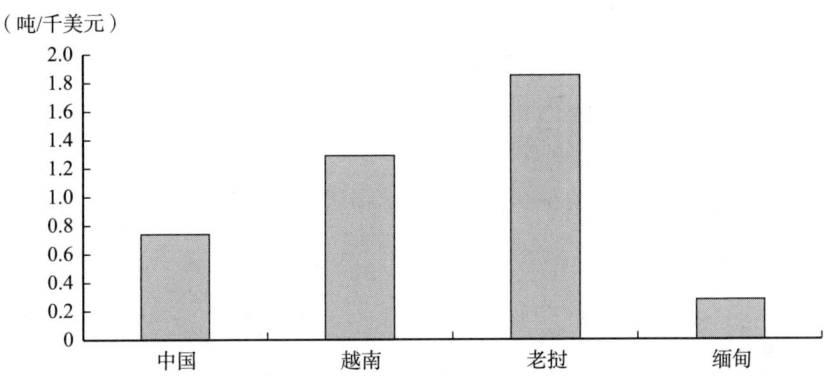

图 7-4　2019 年中国与越南、老挝、缅甸的碳排放强度比较

资料来源：笔者根据世界银行数据库相关数据计算而得。

（三）加快建设边境卫生防控体系

完善的边境卫生防控体系可以为西南陆路边境口岸三大效应实现、推动产业转型升级提供重要的保障。因此，应加快推进国门疾控中心项目建设，创新边境管控支撑平台建设，构建西南陆路边境口岸的立体化防控体系，从而提升公共卫生核心能力。深化同老、越、缅等的跨境疾控合作，重点加强边境地区抵边一线的公共卫生合作。加强与周边国家有序推进疫情防控相关数据共享，提升防控效能。积极运用智能信息数据，进行风险评估和提前预警；建立疾病预防控制系统和应急医疗救治系统，健全医疗救治机构和队伍，在东兴、瑞丽等地构建区域性医疗卫生应急物资储备中心，并适当布局公共卫生应急物资产能，预防突发、紧急的公共卫生服务事件。充分调动边民的积极性，增强西南陆路边境口岸公共卫生安全防控能力。

第三节　研究展望

科学发展是循序渐进的，"一带一路"背景下西南陆路边境口岸产业转型升级研究未来应重点从以下三个方面进行拓展。

一、西南陆路边境口岸产业转型升级研究的视角有待深化

由于数据可获性等原因,本书的数据主要是关于西南陆路边境口岸、东部省市及邻国的宏观、中观数据,也考虑到企业的异质性,对相关企业转型升级行为进行跨案例分析,争取把西南陆路边境口岸打造成中国—东盟跨境产业链的重要节点。下一步将拓宽数据来源,采用企业层面数据进行口岸产业转型升级的计量分析,继续深化企业异质性研究。

二、西南陆路边境口岸产业转型升级研究的广度有待拓展

本书针对西南陆路边境口岸的"过货化"问题,主要研究"一带一路"背景下西南陆路边境口岸产业之间的转型升级,推动通道经济向口岸经济转型。未来西南陆路边境口岸制造业发展取得一定成效后,需要把握新发展阶段、贯彻新发展理念,探索产业内部的转型升级,推动口岸产业高质量发展,并更好地服务和融入新发展格局。

三、西南陆路边境口岸产业转型升级研究的深度有待挖掘

本书以国际贸易理论、区位理论、产业升级理论等为基础,借鉴索恩(Sohn,2014)的研究及新经济地理理论,从理论上分析了对外开放通过陆路边境口岸的空间区位、要素差异化、信息汇集三大效应来促进其产业转型升级的机制,为"一带一路"背景下西南陆路边境口岸产业转型升级提供了有力的理论支撑。考虑到当前世界正经历百年未有之大变局,未来可进一步考虑风险因素,深化口岸产业转型升级路径和机制的理论分析,并构建反映西南特色的陆路边境口岸产业转型升级的模型,助推西南兴边富民闯出新路子。

参 考 文 献

[1] 艾萨德. 区位与经济空间：关于产业区位、市场区、土地利用、贸易和城市结构的一般理论 [M]. 北京：北京大学出版社，2011.

[2] 白雪洁，宋培，李琳. 数字经济发展助推产业结构转型 [J]. 上海经济研究，2022（5）：77–91.

[3] 白争辉，原珂. 数字经济发展与产业结构升级的就业效应实证研究 [J]. 兰州学刊，2022（3）：62–73.

[4] 曹贵雄，冯润. 中老边境口岸的特点及发展策略 [J]. 贵州民族研究，2022（3）：142–147.

[5] 曹贵雄. 以边境口岸辐射城镇化：西南边境地区发展模式研究 [J]. 北方民族大学学报，2020（3）：30–36.

[6] 曹薇，刘春虎，苗建军. 区域承接产业转移的产业空间双网络分析 [J]. 运筹与管理，2021（5）：176–181.

[7] 陈慧. RCEP 生效后中国参与区域产业链价值链重构的机遇、挑战与应对 [J]. 经济纵横，2022（8）：76–82.

[8] 丛志颖，于天福. 东北东部边境口岸经济发展探析 [J]. 经济地理，2010（12）：1937–1943.

[9] 邓坚."一带一路"背景下我国边境城市加工贸易发展策略探究——以邻近东盟边境城市广西崇左市为例 [J]. 学术论坛，2017（5）：124–128.

[10] 丁慧敏. 数字经济发展对产业结构升级的影响探究 [J]. 上海商业, 2022 (2): 53-55.

[11] 丁阳, 夏友富, 吕臣. 新型国际分工模式下的沿边开发开放问题研究 [J]. 江苏社会科学, 2015 (1): 61-68.

[12] 杜能. 孤立国同农业和国民经济的关系 [M]. 北京: 商务印书馆, 2011.

[13] 范玉金, 王延亭. 云南省承接东部地区产业转移存在问题及对策建议 [J]. 中国市场, 2021 (23): 42-43.

[14] 冯建勇. "一带一路" 的中国边疆研究新视角 [J]. 新疆师范大学学报 (哲学社会科学版), 2016 (1): 34-41.

[15] 付永丽. 中缅边境陆路口岸的特点及发展策略 [J]. 贵州民族研究, 2021 (2): 62-69.

[16] 高玲. 大数据环境下的数字经济发展路径探索 [J]. 技术与市场, 2022 (5): 191-192.

[17] 高延芳. "一带一路" 背景下中缅边境区金融合作研究——以瑞丽国家重点开发开放试验区为例 [J]. 商业经济研究, 2017 (23): 135-138.

[18] 顾国达, 李金城, 张洪胜. 信息化能否增进一国高技术产业的比较优势?——基于1995~2011年39国信息化和附加值贸易数据的实证研究 [J]. 浙江大学学报 (人文社会科学版), 2017 (3): 202-216.

[19] 郭东杰, 周立宏, 陈林. 数字经济对产业升级与就业调整的影响 [J]. 中国人口科学, 2022 (3): 99-110.

[20] 郭宏宇, 竺彩华. 口岸发展与 "一带一路" 建设: 形势、问题及对策 [J]. 国际经济合作, 2016 (1): 46-55.

[21] 韩民春, 杨承奥. 服务贸易自由化对中国制造业价值链升级的影响 [J]. 产经评论, 2021 (3): 87-103.

[22] 郝寿义. 论信息资本化与中国经济高质量发展 [J]. 南开经济研究,

2020（6）：23-33,49.

[23] 何敏,欧明刚. 广西口岸参与"一带一路"建设的现状与问题[J]. 国际经济合作,2016（1）：60-67.

[24] 贺远琼,刘路明,胡梦圆. 湖北省产业网络结构特征演变分析——基于社会网络分析法[J]. 湖北社会科学,2022（7）：48-60.

[25] 赫尔普曼,克鲁格曼. 市场结构和对外贸易[M]. 上海：上海三联书店,1993.

[26] 侯儒. "一带一路"背景下赫哲族助推边疆旅游经济带研究[J]. 黑龙江民族丛刊,2021（6）：50-57.

[27] 侯卫真,刘彬芳. 基于信息要素理论的信息增值模型[J]. 信息资源管理学报,2020（1）：57-64.

[28] 胡鞍钢,等. 中国开创"新经济"——从缩小"数字鸿沟"到收获"数字红利"[J]. 国家行政学院学报,2016（3）：4-13.

[29] 胡超. 边境地区开发开放的国际经验与启示[J]. 边界与海洋研究,2018（5）：78-91.

[30] 胡超. 全面开放新格局下中国边境经济合作区转型升级研究[J]. 西部论坛,2019（5）：65-74.

[31] 胡伟,陈林. 新时代沿边开发开放主要问题与对策建议[J]. 区域经济评论,2023（2）：128-137.

[32] 黄爱莲,朱俊蓉,罗平雨. 边境旅游与边境贸易耦合协调研究——以东兴边境为例[J]. 世界地理研究,2021（3）：657-666.

[33] 黄锐,谢朝武,赖菲菲. "一带一路"倡议对沿线目的地国家旅游发展影响研究——基于引力模型和双重差分的实证检验[J]. 地理与地理信息科学,2022（4）：120-129.

[34] 霍强. 新发展格局下沿边地区开发开放的战略效果研究[J]. 商业经济研究,2023（8）：188-192.

[35] 季旭东. NAFTA 对墨西哥产业布局和产业竞争力的影响 [J]. 南京社会科学, 2005 (7): 35-40.

[36] 蒋随. "一带一路" 倡议下中俄区域经济合作对策 [J]. 社会科学家, 2021 (4): 93-99.

[37] 金钢. 桂西南地区承接产业转移的 SWOT 分析 [J]. 中国商贸, 2014 (28): 197-199.

[38] 荆鸣. 论区域竞争新秩序的构建及多边化——浅议 "一带一路" 倡议与 RCEP 竞争规则的内在联系 [J]. 东北大学学报 (社会科学版), 2021 (5): 98-105.

[39] 劳昕, 沈体雁, 杨洋, 张远. 长江中游城市群经济联系测度研究——基于引力模型的社会网络分析 [J]. 城市发展研究, 2016 (7): 91-98.

[40] 黎日荣, 周政. 生产性服务业集聚一定会提升制造业的生产率吗?——来自微观企业的证据 [J]. 产经评论, 2017 (6): 70-80.

[41] 李春顶, 赵美英. 出口贸易是否提高了我国企业的生产率?——基于中国 2007 年制造业企业数据的检验 [J]. 财经研究, 2010 (4): 14-24.

[42] 李光辉, 黄华. "十四五" 时期我国边疆开放型经济发展战略研究 [J]. 国际贸易, 2021 (10): 66-74.

[43] 李计广. 新发展格局下沿边地区对外开放路径研究 [J]. 贵州社会科学, 2021 (5): 121-127.

[44] 李嘉图. 政治经济学及赋税原理 [M]. 北京: 光明日报出版社, 2009.

[45] 李丽. 数字经济对就业的影响及应对策略 [J]. 经济问题, 2022 (4): 37-42.

[46] 李世泽. "一带一路" 背景下广西边境口岸发展研究 [J]. 桂海论丛, 2018 (1): 73-77.

[47] 梁若冰. 口岸、铁路与中国近代工业化 [J]. 经济研究, 2015 (4): 178-191.

[48] 梁振民,陈才. 中俄边境城市满洲里口岸经济发展战略研究 [J]. 世界地理研究,2012 (2): 97-104.

[49] 廖瑜. 新丝绸之路视阈下广西口岸经济发展战略研究 [J]. 价格月刊,2015 (7): 76-79.

[50] 林春艳,孔凡超. 中国产业结构高度化的空间关联效应分析——基于社会网络分析方法 [J]. 经济学家,2016 (11): 45-53.

[51] 刘保强,熊理然,蒋梅英,等. 云南沿边地区县域经济的空间格局演化分析 [J]. 地域研究与开发,2017 (3): 29-35.

[52] 刘和东. 中国工业企业的全要素生产率及其影响因素分析 [J]. 统计与决策,2010 (13): 103-105.

[53] 刘慧,程艺. "一带一路"建设对中国沿边地区发展影响的区域分异 [J]. 区域经济评论,2018 (6): 85-91.

[54] 刘建利. 我国沿边口岸经济特殊性分析及发展建议 [J]. 中国流通经济,2011 (12): 45-49.

[55] 刘满凤,高梦桃. 我国区际产业转移与产业结构优化升级实证研究 [J]. 生态经济,2020 (5): 39-43,49.

[56] 刘让群,竺彩华,陈晓. 沿边开放战略实施30年:政策演进、成效评估与未来展望 [J]. 国际贸易,2021 (12): 60-67.

[57] 刘淑茹,魏晓晓. 新时代新型城镇化与产业结构协调发展测度 [J]. 湖南社会科学,2019 (1): 88-94.

[58] 刘卫东,姚秋蕙. "一带一路"建设模式研究——基于制度与文化视角 [J]. 地理研究,2020 (6): 1134-1146.

[59] 刘有军,谢贵平. "一带一路"视域下西部边疆非传统安全:威胁及应对 [J]. 太平洋学报,2020 (7): 67-79.

[60] 隆国强. 中国对外开放的新形势与新战略 [J]. 中国发展观察,2017 (8): 5-8,36.

[61] 吕军,陈宝华,姜子玉,等. 中国经济高质量发展评价及障碍因素分析 [J]. 资源开发与市场,2020 (2): 149-157.

[62] 吕文利. "一带一路"中的边疆地区——嵌入式互动与立交桥式发展 [J]. 中国图书评论,2015 (9): 8-11.

[63] 吕越,黄艳希,陈勇兵. 全球价值链嵌入的生产率效应:影响与机制分析 [J]. 世界经济,2017 (7): 28-51.

[64] 雒海潮,苗长虹. 承接产业转移影响因素和效应研究进展 [J]. 地理科学,2019 (3): 359-366.

[65] 孟猛,郑昭阳. "一带一路"倡议是否促进了沿线国家的产业发展?——来自"一带一路"国家向中国出口高技术产品的证据 [J]. 国际商务研究,2022 (5): 1-12.

[66] 穆沙江·努热吉. 新疆边境口岸经济与地方经济协调发展研究 [D]. 乌鲁木齐:新疆大学,2018.

[67] 穆沙江·努热吉. "一带一路"经济走廊陆路节点口岸产业发展潜力及路径 [J]. 中国流通经济,2020 (2): 47-58.

[68] 欧阳秋珍,雷苏玲,胡政杰. 常德市承接产业转移提升自主创新能力研究 [J]. 合作经济与科技,2021 (21): 18-19.

[69] 潘剑平. "一带一路"倡议对沿线省域对外直接投资的效应研究——基于DID方法的实证分析 [J]. 技术经济与管理研究,2022 (10): 111-116.

[70] 丘兆逸,魏星,马恩熙. 数字经济对西南陆路边境口岸经济发展的影响及对策 [J]. 南宁师范大学学报(自然科学版),2021 (2): 143-149.

[71] 沈能,赵增耀,周晶晶. 生产要素拥挤与最优集聚度识别——行业异质性的视角 [J]. 中国工业经济,2014 (5): 83-95.

[72] 盛斌,陈帅. 全球价值链、出口国内附加值与比较优势:基于跨国样

本的研究 [J]. 东南大学学报（哲学社会科学版），2016（6）：95 -
102，147 - 148.

[73] 斯科特. 社会网络分析法 [M]. 重庆：重庆大学出版社，2007.

[74] 宋涛，程艺，刘卫东，等. 中国边境地缘经济的空间差异及影响机制
[J]. 地理学报，2017（10）：1731 - 1745.

[75] 宋周莺，车姝韵，王姣娥，等. 中国沿边口岸的时空格局及功能模式
[J]. 地理科学进展，2015（5）：589 - 597.

[76] 孙久文，周玉龙，和瑞芳. 中国的沿边经济发展：现状、问题和对策
[J]. 经济社会体制比较，2017（2）：28 - 38.

[77] 孙曼，宋涛，计启迪. 边境城镇的产业演化及其机制研究——以中老
边境城镇勐腊为例 [J]. 世界地理研究，2022（2）：388 - 398.

[78] 谭洪波，夏杰长. 数字贸易重塑产业集聚理论与模式——从地理集聚
到线上集聚 [J]. 财经问题研究，2022（6）：43 - 52.

[79] 滕堂伟，胡森林，侯路瑶. 长江经济带产业转移态势与承接的空间格
局 [J]. 经济地理，2016（5）：92 - 99.

[80] 涂裕春，刘彤. 民族地区口岸经济发展预判 [J]. 西南民族大学学报
（人文社会科学版），2016（1）：162 - 166.

[81] 汪旭晖，陈佳琪. 流通业助推制造业转型升级战略与作用机制：一个
多案例研究 [J]. 中国软科学，2021（2）：22 - 33.

[82] 王德忠，庄仁兴. 区域经济联系定量分析初探——以上海与苏锡常地
区经济联系为例 [J]. 地理科学，1996（1）：51 - 57.

[83] 王谷成，李宇薇，阮思阳. 广西边境区位价值对桂越贸易的影响研究
[J]. 广西社会科学，2017（2）：46 - 49.

[84] 王桀，张琴悦. "一带一路"倡议对中国边境旅游经济空间的影响研究
[J]. 资源开发与市场，2021（6）：761 - 768.

[85] 王君仪，曲林迟. "一带一路"建设对中国与沿线国家货物出口贸易的

影响 [J]. 时代经贸, 2022 (10): 71-76.

[86] 王娜, 等. 西北地区产业关联网络演变的社会网络分析 [J]. 资源开发与市场, 2015 (9): 1045-1051.

[87] 王鹏飞, 夏杰长, 胡典成. 边疆民族地区旅游业发展模式与对策 [J]. 社会科学家, 2021 (12): 76-82.

[88] 王鹏飞. 中国流通业与制造业的互动效应研究 [D]. 武汉: 中南财经政法大学, 2020.

[89] 王倩娜, 谢梦晴, 张文萍, 庄子薛, 魏琪力, 罗言云. 成渝城市群区域生态与城镇发展双网络格局分析及时空演变 [J]. 生态学报, 2023 (4): 1-19.

[90] 王瑞荣. 数字经济对绍兴纺织产业升级影响的实证分析 [J]. 现代纺织技术, 2022 (2): 118-126.

[91] 王绍媛, 冯之晴. 中国与日本及韩国制造业贸易竞争与互补性研究 [J]. 统计与信息论坛, 2021 (7): 29-40.

[92] 王蔚然, 等. 城市更新驱动经济高质量发展效应研究 [J]. 统计与信息论坛, 2022, 37 (12).

[93] 王旭章. 区域经济和行业规模经济——对苏南行业规模经济优势的分析 [J]. 经济研究, 1996 (3): 57-62.

[94] 王赞信, 魏巍, 吴鹏. 中国西南边疆地区跨境经济合作的产业选择研究 [J]. 华东经济管理, 2017 (2): 72-77.

[95] 韦伯. 工业区位论 [M]. 北京: 商务印书馆, 2010.

[96] 温珺, 阎志军, 程愚. 数字经济驱动创新效应研究——基于省际面板数据的回归 [J]. 经济体制改革, 2020 (3): 31-38.

[97] 巫云仙. "一带一路"与边境城市的"贸工民"模式——基于广西东兴的创新实践分析 [J]. 河北学刊, 2020 (2): 115-121.

[98] 吴汉洪, 苏睿. 边境贸易对广西产业发展的影响 [J]. 广西民族研究,

2013（1）：163-172.

[99] 夏杰长，肖宇. 以制造业和服务业融合发展壮大实体经济 [J]. 中国流通经济，2022（3）：3-13.

[100] 夏炎，等. 数字经济对中国经济增长和非农就业影响研究——基于投入占用产出模型 [J]. 中国科学院院刊，2018（7）：707-716.

[101] 徐佳宾，孙晓谛. 互联网与服务型制造：理论探索与中国经验 [J]. 科学学与科学技术管理，2022（2）：87-112.

[102] 徐敏，姜勇. 中国产业结构升级能缩小城乡消费差距吗？[J]. 数量经济技术经济研究，2015（3）：3-21.

[103] 许欣，王成金，党艺. 中国陆地边境口岸区位、类型结构及其形成机理 [J]. 经济地理，2022（10）：100-108.

[104] 薛才玲，牛义然，艾力乃再尔·艾尼瓦尔，等."一带一路"倡议下新疆边境口岸发展研究 [J]. 青海民族研究，2021（4）：158-164.

[105] 杨磊. 中越边境口岸经济优势分析与沿边产业规划研究 [J]. 经济研究参考，2014（5）：32-35.

[106] 杨圣敏. 中国崛起与丝路战略 [J]. 宁夏党校学报，2016（3）：5-9.

[107] 姚星等. 中国在"一带一路"沿线的产业融合程度及地位：行业比较、地区差异及关联因素 [J]. 经济研究，2019（9）：172-186.

[108] 叶胥，杜云晗，何文军. 数字经济发展的就业结构效应 [J]. 财贸研究，2021（4）：1-13.

[109] 于桂宾. 我国商贸流通业发展与我国制造业转型升级的关系研究 [J]. 商业经济研究，2017（21）：19-22.

[110] 于立，王建林. 生产要素理论新论——兼论数据要素的共性和特性 [J]. 经济与管理研究. 2020（4）：62-73.

[111] 于天福，隋丽丽，李富祥. 中国边境口岸经济发展与其依托城市互动机理研究 [J]. 社会科学辑刊，2015（1）：50-54.

[112] 余华义, 侯玉娟, 洪永淼. 城市辖区合并的区域一体化效应——来自房地产微观数据和城市辖区经济数据的证据 [J]. 中国工业经济, 2021 (4): 119-137.

[113] 余晓钟, 刘利. "一带一路"倡议下国际能源产业园区合作模式构建——以中亚地区为例 [J]. 经济问题探索, 2020 (2): 105-113.

[114] 袁沙. 沿边口岸与边境城市经济耦合发展研究——以云南省猴桥口岸与腾冲市为例 [J]. 云南社会科学, 2020 (6): 132-137.

[115] 原毅军, 郭然. 生产性服务业集聚、制造业集聚与技术创新——基于省级面板数据的实证研究 [J]. 经济学家, 2018 (5): 23-31.

[116] 岳辉. 我国商贸流通业发展与制造业转型升级的关系研究 [J]. 价格月刊, 2017 (4): 71-73.

[117] 詹小颖. 沿边民族地区跨境经济合作区研究——以桂越边域凭祥—同登跨境经济合作区为例 [J]. 云南民族大学学报 (哲学社会科学版), 2015 (4): 98-102.

[118] 张必清. "一带一路"倡议对沿边口岸开放的县域经济绩效评估——基于云南25个边境县 (市) 的倍差法分析 [J]. 大理大学学报, 2021 (5): 31-37.

[119] 张彬, 钟佳其. "一带一路"背景下中哈跨境经济合作研究——以霍尔果斯口岸为例 [J]. 边疆与海洋研究, 2017 (4): 91-100.

[120] 张二震, 戴翔. 服务业开放与制造业GVC升级: 典型事实、理论反思与政策启示 [J]. 经济学家, 2022 (1): 96-103.

[121] 张丽君, 吴凡. 民族地区沿边开放效果及政策研究——以云南省为例 [J]. 黑龙江民族丛刊, 2014 (1): 83-91, 158.

[122] 张丽君, 张珑, 李丹. 口岸发展对边境口岸城镇发展影响实证研究——以二连浩特为例 [J]. 中央民族大学学报 (哲学社会科学版), 2016 (1): 109-116.

[123] 张明斗,席胜杰. 东北地区城市产业空间联系网络特征研究 [J]. 地域研究与开发,2022 (3):18-24.

[124] 张司晨. RCEP 生效与中日韩 FTA 面临的机遇与挑战 [J]. 东北亚经济研究,2022 (5):75-84.

[125] 张樨樨,曹正旭,徐士元. 创新质量对高技术产业绿色创新效率影响的异质性——基于产业集聚的门槛效应 [J]. 科技管理研究,2021 (18):10-17.

[126] 张欣,崔月明."一带一路"倡议下边境陆路口岸对外开放优势再造研究 [J]. 亚太经济,2019 (4):114-117.

[127] 张秀生,黄鲜华. 区域制造业产业转移促进了全要素生产率提升吗?——基于中国地级市数据的研究 [J]. 宏观质量研究,2017 (3):62-75.

[128] 张勋,万广华,张佳佳,何宗樾. 数字经济、普惠金融与包容性增长 [J]. 经济研究,2019 (8):71-86.

[129] 张尧,佟光霁. 边境口岸对城市产业结构升级的影响 [J]. 技术经济与管理研究,2020 (10):118-122.

[130] 张遥. 内蒙古实施兴边富民行动的成效、存在的问题及对策建议 [J]. 内蒙古社会科学,2021,42 (6):194-200.

[131] 张永林,张春杨,李晓峰. 市场信息集聚效应与交易效率的研究 [J]. 管理科学学报,2011 (11):52-62.

[132] 张于喆. 数字经济驱动产业结构向中高端迈进的发展思路与主要任务 [J]. 经济纵横,2018 (9):85-91.

[133] 张月友. 中国的"产业互促悖论"——基于国内关联与总关联分离视角 [J]. 中国工业经济,2014 (10):46-58.

[134] 张喆,胡志丁. 21 世纪以来西藏自治区边境贸易的发展分析 [J]. 地理学报,2023 (8):1920-1935.

[135] 赵珂. 边境口岸旅游产业与县（市）经济协调时空演变与溢出效应：基于黑龙江实证 [J]. 商业经济，2021（9）：43－48，104.

[136] 赵乔，祝合良. 现代流通业在制造业转型升级中的作用和提升路径 [J]. 商业经济研究，2021（15）：5－9.

[137] 赵霞. 流通服务业与制造业互动融合研究 [M]. 北京：经济科学出版社，2014.

[138] 郑洪莲，姜恒勇. 图们江区域经济合作进程中珲春市的城市功能定位及发展战略 [J]. 延边党校学报，2011（1）：88－90.

[139] 周均旭，常亚军，何惠榕，等. 广西与越南劳动密集型产业合作研究 [J]. 广西社会科学，2018（12）：63－67.

[140] 周圣强，朱卫平. 产业集聚一定能带来经济效率吗：规模效应与拥挤效应 [J]. 产业经济研究，2013（3）：12－22.

[141] 周豫. 承接产业集群转移，推动江西内陆开放型经济试验区与粤港澳大湾区产业合作 [J]. 中国发展，2021（S1）：53－57.

[142] 朱金春. "一带一路"视域下的边疆内地一体化 [J]. 中央民族大学学报（哲学社会科学版），2018（3）：54－62.

[143] 朱幼平. 论信息化对经济增长的影响 [J]. 情报理论与实践，1996（5）：5－8.

[144] 庄芮，宋荟柯，张晓静. 我国沿边开放战略思考：历史逻辑与推进方向 [J]. 国际贸易，2021（7）：45－52，75.

[145] Akkonen T, Williams A. Border Region Studies: The Structure of an 'Offbeat' Field of Regional Studies [J]. Regional Studies, Regional Science, 2016（1）：693－705.

[146] Bosker M, Garretsen H. Trade Costs in Empirical New Economic Geography [J]. Papers in Regional Science, 2010（3）：485－511.

[147] Chen T, Guo K, Ge P F. The Interaction Mechanism between Border City

Growth and Port Trade [C]//Proceedings of 2019 International Conference on Educational Reform, Management Science and Sociology (ERMSS 2019). Clausius Scientific Press, 2019: 195 – 203.

[148] Christaller W. Central Places in Southern Germany [M]. London: Prentice Hall, 1933.

[149] Coe D T, Helpman E. International R&D Spillovers [J]. European Economic Review, 1995 (5): 859 – 887.

[150] Crozet M, Mayer T, Mucchielli J. L. How do Firms Agglomerate? A Study of FDI in France [J]. Regional Science and Urban Economics, 2004 (1): 27 – 54.

[151] Deng G. Research on the Development of Tourism Economy in Border Areas Taking Pingxiang City of Guangxi as an Example [C]//Proceedings of the 2020 International Conference on Management, Economy and Law (ICMEL 2020). Advances in Economics, Business and Management Research, 2020 (153): 308 – 314.

[152] Easterby – Smith M, Crossan M, Nicolini D. Organizational Learning: Debates Past, Present And Future [J]. Journal of Management Studies, 2000 (6): 783 – 796.

[153] Giersch H. Economic Union Between Nations and the Location of Industries [J]. The Review of Economic Studies, 1949 (2): 87 – 97.

[154] Guo R. Border – Regional Economics [M]. Heidelberg, 1996.

[155] Hanson G H. Economic Integration, Interindustry Trade and Frontier Regions [J]. European Economic Review, 1996 (40): 941 – 949.

[156] Hanson G H. Localization Economies, Vertical Organization, and Trade [J]. American Economic Review, 1996 (5): 1266 – 1278.

[157] Hanson G H. U. S. Mexico Intergration and Regional Economies: Evidence

from Border – City Pairs [R]. NBER Working Paper Series, 5425, 1996.

[158] Head K, Ries J. Heterogeneity and the FDI Versus Export Decision of Japanese Manufacturers [J]. Journal of the Japanese International Economies, 2003 (4): 448 – 467.

[159] Hernandez E P I. Trade Policy and Regional Inequalities [J]. Papers in Regional Science, 2001 (1): 67 – 85.

[160] Hoover E M. Whence Regional Scientists? [J]. Papers of the Regional Science Association, 1963 (1): 5 – 13.

[161] Humphrey J, Schmitz H. Local Enterprises in the Global Economy: Issues of Governance and Upgrading [J]. Cheltenham: Elgar, 2004 (2): 320 – 322.

[162] Krainara C. Border Economic Zones and Development Dynamics in Thailand: A Comparative Study of Bordering Countries [R]. Asian Institute of Technology School of Environment, Resources and Development Thailand, 2016.

[163] Krainara C, Routray J K. Cross – Border Trades and Commerce between Thailand and Neighboring Countries: Policy Implications for Establishing Special Border Economic Zones [J]. Journal of Borderlands Studies, 2015 (3): 345 – 363.

[164] Krugman P, Elizondo R L. Trade Policy and the Third World Metropolis [R]. Working Paper, 4238, 1992.

[165] Krugman P. Geography and Trade [M]. MIT Press, 1991.

[166] Krugman P. Increasing Returns and Economic Geography [J]. Journal of Political Economy, 1991 (3): 483 – 499.

[167] Kudo T. Border Industry in Myanmar: Turning the Periphery into the Center of Growth [R]. Institute of Developing Economies, 2007.

[168] Lewis A. Economic Development with Unlimited Supplies of Labour [J]. The Manchester School, 1953 (22): 139 – 191.

[169] Li R H, Hu W X. Development of China – ASEAN Economic and Trade Relations under the Belt and Road Initiative [J]. China's Foreign Trade, 2021 (3): 36 – 39.

[170] Losch A. The Economics of Location [M]. New Haven, CT: Yale University Press, 1954.

[171] Mairesse J, Griliches Z. Heterogeneity in Panel Data: Are There Stable Production Functions? [C]//Champsaur P. et al (eds). Essays in Honor of Edmond Malinvaud, Volume 3, Cambridge Mass: MIT Press, 1990.

[172] Maurice M, Baumol W J, Goldfeld S M. Precursors in Mathematical Economics: An Anthology [J]. Economica, 1969 (36): 210 – 211.

[173] Melitz M J. The Impact of Trade on Intra-industry Reallocations and Aggregate Industry Productivity [J]. Econometrics, 2003 (71): 1695 – 1725.

[174] Muradov K. Trade Costs and Borders in Global Value Chains [J]. Review of World Economics, 2017 (3): 1 – 23.

[175] Rauch J E. Increasing Returns to Scale and the Pattern of Trade [J]. Journal of International Economics, 1989 (3 – 4): 359 – 369.

[176] Rivera – Batiz F L. Can Border Industries Be a Substitute for Immigration? [J]. The American Economic Review, 1986 (2): 263 – 268.

[177] Sergio R, Piyabha K, Xie D Y. Beyond Balanced Growth [R]. IMF Working Papers, 2001.

[178] Sohn C. Modelling Cross – Border Integration: The Role of Borders as a Resource [J]. Geopolitics, 2014 (3): 587 – 608.

[179] Stepanova S V, Shlapeko E A. Trends in the Development of Cross-border Trade in the Russian – Finnish Borderlands [J]. Baltic Region, 2018

(10): 103 – 117.

[180] Steuer M, Krugman P. Development, Geography and Economic Theory [J]. Economica, 1996 (63): 701 – 706.

[181] Suarez – Villa L. Factor Utilization in Mexico's Border Industrialization Program [J]. Mexico's Border Industrialization Program, 1982 (3): 48 – 56.

[182] Wu R. The Current Situation and Countermeasures of Yunnan Agricultural Products Business Development under the Back ground of "Belt and Road" [C]//Proceedings of 2019 5th International Conference on Economics, Business, Finance, and Management (ICEBFM 2019). Francis Academic Press, 2019: 698 – 702.

[183] Yin R K. Applications of Case Study Research [M]. Thousand Oaks California: Sage Publications, 2003.

[184] Zhang X Y. Coordinated Development of China's Cross-border Ecommerce and Manufacturing Cluster Against the Back ground of "Internet Plus" and "the Belt and Road" [C]//Proceedings of 3rd International Conference on Culture, Education and Economic Development of Modern Society (ICCESE 2019). Advances in Social Science, Education and Humanities Research, 2019 (310): 571 – 573.

后 记

"一带一路"倡议的实施把西南陆路边境口岸从发展的"末梢"变为发展的"前沿",为其产业转型升级带来重大机遇。为此,本书研究"一带一路"背景下西南陆路边境口岸产业转型升级,旨在为边疆民族地区高质量发展提供参考。本书是团队努力的成果,其中丘兆逸同志负责全书的研究思路设计及统稿,并与张温馨、李敏、国金鑫、杨佳容、冯佳璇等同志一道参与本书的写作;唐东升、李树娟等同志参与了相关调研;杨景涵、陈绮琪、贾玥等同志参与资料的收集整理等工作。本书的出版得到国家社会科学基金项目(18BMZ132)、南宁师范大学博士点建设项目的资助,也得到了南宁师范大学经济与管理学院领导和老师的大力支持,在此一并感谢。最后,本书写作过程中参考了相关作者的文献,也向他们表达谢意。